Mary Reynolds Thompson
Der Ruf der wilden Seele

Mary Reynolds Thompson

Der Ruf der wilden Seele

Wie uns die Landschaften der Erde unsere Ganzheit zurückgeben

Bücher haben feste Preise.
1. Auflage 2018

Mary Reynolds Thompson
Der Ruf der wilden Seele

Der Titel des englischen Originals lautet »Reclaiming the Wild Soul«,
erschienen 2014 bei *White Cloud Press*, Ashland, Oregon, USA.
Übersetzt aus dem amerikanischen Englisch von Andreas Lentz.

Titelseite:
Fotos: Taiga (Brandung), Dmitry Kulagin (Herbstsonnenlaub), Ondrej Prosicky (Bartkauz), alle shutterstock.com; Alexandru Popovski/pixoto.com (Wald)
Gestaltung: Dragon Design, GB

Satz und Gestaltung:
Dragon Design, GB
Gesetzt aus der Sabon

Gesamtherstellung: Appel & Klinger, Schneckenlohe
Printed in Germany

ISBN 978-3-89060-729-0

Neue Erde GmbH
Cecilienstr. 29 · 66111 Saarbrücken
Deutschland · Planet Erde
www.neue-erde.de

Für meinen Mann Bruce und meine Mutter Barbara –
ich widme euch dieses Buch
von ganzem wildem Herzen.

Gepriesen sei die wilde Seele

Gepriesen sei die wilde Seele für ihre Berge und Täler, ihre Flüsse und Stromschnellen; für ihre Liebe zu tiefen Höhlen und dunklen Wäldern; für ihre weiten, abwechslungsreichen Landschaften, die sich unter Vater Himmel hinstrecken.

Gepriesen sei die wilde Seele für ihre Schönheit, die wie Espenlaub zittert und grimmig ist wie eine Habichtmutter. Gepriesen sei sie dafür, dass sie Käfigen entflieht und fesselnde Ketten zerreißt; dafür, dass sie mit ausgebreiteten Flügeln auf den Wellenbewegungen der Luft emporsteigt. Keine Bühne präsentiert Tänzer anmutiger als sie.

Gepriesen sei die wilde Seele für ihre Verflochtenheit, die vielschichtiger ist als der Damm der Biber und komplexer als der Hügel der Termiten. Gepriesen sei ihre Ganzheit, in der kein Teil außen vor bleibt und alles dazugehört.

Die Dunkelheit zieht herauf. Angesichts unseres menschlichen Fehlverhaltens erfüllen düstere Vorahnungen mein Herz.

Doch ich habe Vertrauen.

Und ich sage euch jetzt:

Ich glaube an die wilde Seele.

Sie sei gepriesen.

Inhalt

Vorwort

Ich verbrachte meine Kindheit auf einer vierzig Ar großen Hühnerfarm im Santa Clara Valley in Kalifornien, zu jener Zeit, in der es noch als das »Tal der Seligkeit« bekannt war. Meine drei Geschwister und ich kletterten auf Bäume, fingen Kaulquappen und trampelten Plätze zum Spielen ins hohe Gras. Im Frühling blühten Obstbäume so weit das Auge reichte. In den ersten neun Sommern meines Lebens zelteten wir in Cedar Grove, das heute zum Kings Canyon Nationalpark gehört. Ich erinnere mich an den Duft der Weihrauchzeder in der Sonne, an den strahlend blauen Himmel über den hohen Bäumen, an das Rauschen des Flusses, an die Gewitter, die die Wege zum Zeltlager in reißende Ströme verwandelten.

Später zogen wir in die Gegend nördlich von Lake Tahoe, wo ich morgens um halb sechs aufstand und durch einen Pinienwald, der von neuen Asphaltstraßen und nachgebauten Schweizer Chalets durchschnitten war, zur Hauptstraße ging. Während ich auf den gelben Schulbus wartete, der mich zur nächstgelegenen Highschool brachte, die sich eine Autostunde entfernt in Reno, Nevada, befand, schaute ich über den See, wobei mir im eisigen Wind fast die Ohren abfroren. Das Wasser hatte jedes Mal ein anderes Blau – an manchen Tagen vom Wind gepeitscht, an anderen Tagen still und spiegelglatt, und während ich mit meinen Augen den See einsog, spürte ich, wie mein Herz so tief und wild wurde wie der See. In den Jahren am College in Salt Lake City erlebte ich zum ersten Mal, was für ein Gefühl es ist, in einem Schlafsack in der roten Steinwüste im Süden von Utah aufzuwachen und zu den vom Wind gemeißelten Sandsteinbögen zu wandern. Die Wüste wurde zu meinem heiligen Gebiet.

Mary Reynolds Thompson würde dies die Geschichte meiner wilden Seele nennen. Durch ihr mutiges und einzigartiges Buch habe ich erkannt, dass diese Landschaften – Wüste, Wald, Gewässer, Berge, Grasland – mit dem Innersten meines Wesens verwoben sind. Es ist wahr: Meine wilde Seele hat mich bewogen, mich einer Lebensweise zu entziehen, die Profit, Schnelligkeit und Effizienz über die Schönheit und Gesundheit der natürlichen Welt stellt. Wie ich meiner wilden Seele gerecht werden kann, während ich meinen Weg in dieser Welt gehe, ist für mich genauso eine grundsätzliche Frage wie für Thompson und vielleicht auch für dich. Ich fing an, von Frauen verfasste Texte über die Natur zu sammeln, und ließ irgendwann mein altes Leben hinter mir, das daraus bestanden hatte, Computerhandbücher in Silicon Valley zu lektorieren. Mit Mitte Fünfzig fand ich den Weg zurück in das weite und fruchtbare Willamette-Tal von Oregon, in dem mein Leben reich und fruchtbar geworden ist.

Wie kannst du deiner eigenen wilden Seele gerecht werden? Dieses Buch ist ein guter Anfang. Mary Reynolds Thompson versteht besser als alle anderen, die ich kenne, dass ebenso wie Pflanzen und Tiere, auch das Wetter und die Jahreszeiten ihre Entsprechung in uns haben; die Landschaften der Erde sprechen zu uns. *Der Ruf der wilden Seele* sagt uns, wie wir sie hören können und warum das wichtig ist. Wie sie glaube auch ich, dass in der heutigen Zeit, in der »jeder Teil der Erde bedroht ist«, eine gesündere Lebensweise in der Seele eines jeden einzelnen ihren Anfang nehmen muss. »Das Bewusstsein unserer Einheit mit der natürlichen Welt … muss zum Leitprinzip unseres Lebens und unserer Zeit werden«, schreibt Thompson.

Und sie sollte es wissen. Von den wilden Gegenden der Erde geschult – indem sie im Kajak über die donnernden Stromschnellen des Flusses Klamath hinabfuhr, indem sie voll unbändiger Freude und in Todesangst während eines Gewitters auf dem Gipfel des Mount Shasta stand oder indem sie in brütender Hitze durch die Badlands in South Dakota wanderte oder sich auf einer Wanderung durch die Prärie einem jungen Rotluchs gegenübersah –, versteht Thompson, dass die Hetze und Durchrationalisierung unseres Lebens – ganz genauso wie Fracking oder ein Tagebau, der ganze Berggipfel abträgt – schwere Verletzungen nicht nur der Integrität der Erde, sondern ebenso unserer eigenen darstellen. Sie weiß, dass die Wüste das Bild für Großzügigkeit und Einfachheit sein kann und dass wir uns in einem Wald des Unwissens verlieren können; sie weiß, was die Ströme und Meere uns über den »Flow« erzählen können oder wie Berge uns anspornen, uns zu unseren wahren Herzensanliegen und zum Lebenssinn hinaufzubewegen, oder was das Grasland uns über das Zurückgeben lehren kann.

Die Reise zur Wiederherstellung der Seele, auf die du dich nun begibst, ist von größter Wichtigkeit. Die Zeit ist reif, und der Einsatz ist hoch. Denn Thompson schreibt: »Wie viele der wilden Gegenden der Erde werden wir wohl noch zerstören, wenn wir uns nicht unsere eigene innere Wildheit zurückholen und sie lieben lernen?« Lasse die »große Wiederverwilderung unserer Welt« bei dir beginnen, bei deinem Schreibstift und deiner Reise und deiner Bereitschaft, das Leben langsamer anzugehen, hinauszugehen und dich »von etwas Größerem und weniger Gezähmtem« als deinem kleinen, abgetrennten Selbst einnehmen zu lassen.

Lorraine Anderson

Vorwort

Die Geschichte meiner wilden Seele

Sage mir, in welcher Landschaft du lebst,
und ich sage dir, wer du bist.

José Ortega y Gasset

Ich glaube, jeder von uns kann eine Geschichte von seiner wilden Seele erzählen: eine Erfahrung in der Natur, die dazu beigetragen hat, uns zu der Person zu machen, die wir sind und wie wir leben. Meine eigene Geschichte wurzelt an einem besonderen Ort in Italien, wo ich als kleines Mädchen gewesen war. Der Versuch, mir mein Leben ohne Positano vorzustellen, ist wie der Versuch, mir mein Leben ohne Vater und Mutter oder mein Elternhaus vorzustellen. Es ist unmöglich. Man könnte sagen, dass Positano der Ort ist, an dem dieses Buch vor vielen Jahren seinen Anfang nahm. Man könnte sagen, dass es der Ort ist, an dem alle meine Geschichten ihren Anfang nehmen.

Der Mond glitzert auf dem Wasser, fliegende Fische springen aus silbernen Wellen, und ein Strand aus Kieselsteinen bringt Glasscherben aus dem Meer zum Vorschein, die, von den Wellen geglättet, wie Edelsteine funkeln; ein Schwein namens Romana, auf dem ich über Gebirgspfade reite.

Ich bin zwar in London aufgewachsen, doch es war das bunte Dorf Positano an der Amalfi-Küste in Süditalien, wo meine wilde Seele erwachte.

Hier lernte ich als kleines Kind in den Ferien, die Berge und das Wasser zu lieben und die Kopfsteinpflastergassen, die vom süßen

Saft der Weintrauben klebrig waren. Die Weisen sagen, in unsere Seele sei eine Lebenslinie eingraviert. Wenn dem so ist, dann hat Positano diese Linie in mich hineingezeichnet.

Jener Ort hat mein Wesen zutiefst geprägt. Er hat mir Träume und Visionen, den wilden Atem des Meeres und der Berge und das Smaragdgrün seiner Grotten geschenkt. Positano war das Gegenstück zu meinem Alltagsleben, das aus Kindermädchen und Mittagsschlaf bestand und später aus den Glocken des Klosterinternats und gestärkten Schuluniformen.

Ich liebte diesen Ort abgöttisch und voller Leidenschaft.

Sprache und Landschaft wurden zu den beiden Strömen, die mein Leben geformt haben. Der Sprache folgte ich anfangs auf traditionellem Weg: ein Literaturstudium, anschließend Werbetexten und Marketing. Wie so viele, lernte auch ich, mein Wesen zu zügeln und zu beschneiden, um den Anforderungen der von Menschen gestalteten Welt zu entsprechen. Doch dieser kurzgeschorene Rasen reichte mir schon bald nicht mehr. In mir wurde ein Loch immer größer. Ich begann zu trinken, suchte Lebendigkeit auf heimliche und ungesunde Weise – und lebte mein Leben im Schatten.

Heute verstecke ich mich nicht mehr. Ich fühle mich wie die Frau in Clarice Shorts Gedicht »The Old One and the Wind«, die am Rande der vertrauten Welt steht und die Elemente wie einen geliebten Freund empfängt. Mein Weg zurück zur wilden Seele hat mich tief in die berauschenden Landschaften der Erde hineingeführt. Seit dreißig Jahren sind diese wilden Gegenden meine mir eng verbundenen Begleiter.

Ich bin durch den Himalaya gewandert, bin mit dem Schlauchboot über die Stromschnellen des Klamath gefahren, habe mit dem Rucksack die Gebirgskette der Grand Tetons erklommen und mich auf dem Fluss Irrawaddy in Birma treiben lassen. Ich habe der glühenden Hitze der Badlands und den eisigen Winden Patagoniens getrotzt, und ganz allmählich wurde ich von etwas aufgesogen, das so viel größer und ungezähmter ist als mein abgetrenntes kleines Selbst.

Später löste sich auch meine Sprache von allem Einengenden und Vorhersagbaren. Ich kehrte dem Marketing den Rücken und machte eine Ausbildung zur Gedichttherapeutin, wobei ich Gedichte wie einen unbekannten Wanderweg erforschte. Gedichtzeilen verfolgten mich wie die Bilder von Positano – Villen in der Farbe von gebrannten Mandeln, Fischerboote so bunt wie Wachsmalkreiden – und blieben unauslöschlich in die Geografie meines Herzens eingekerbt.

Naturgedichte wurden zu meiner großen Leidenschaft. Doch über die Poesie der Buchseite hinaus wurde mir bewusst, dass die natürliche Welt selbst das großartigste Gedicht ist. Die Bilder und Metaphern der Erde sprechen eine mächtige Sprache: Sie haben mir gezeigt, wie ich aufblühen und ganz werden kann.

Heute arbeite ich mit Menschen, die nach einem festen Halt, nach etwas Echterem und Wichtigerem als einer Welt aus Beton und Plastik suchen. Ich schreibe dieses Buch für sie, für uns alle, die wir uns danach sehnen, die Fenster und Türen aufzureißen und die wilde Seele in unser Haus zu lassen.

Dieselben Mächte, die die Erde erschaffen haben, haben auch uns erschaffen. Wir sind viel großartiger, als wir glauben.

In Positano war das Licht weich und golden. Als ich ein Kind war, strömte es in meinen Körper. Jetzt begrüßt mich dasselbe samtig goldene Licht jeden Tag im Norden Kaliforniens, wo ich heute lebe.

Als mein Leben eng und dunkel geworden und ich gezwungen war, mich mit meiner Sucht auseinanderzusetzen, wurde mir klar, dass das Licht noch immer in meinem Inneren war – es war nie erloschen. Es war da, um mir auf meinem Lebensweg zu leuchten. Es ist dasselbe Licht, das mich daran erinnert, dass das Leben ein wildes Abenteuer voller Göttlichkeit und Wunder ist.

Ich weiß, wie weh es tut, gezähmt zu werden, entwurzelt und geformt, um sich den engen Verhältnissen unserer modernen Welt anzupassen. Innere und äußere Natur entwickeln sich jedoch immer gemeinsam. Wir sind Teil dieser staunenswerten Welt, die wir bewohnen; ihre schöpferische Kraft ist unser Geburtsrecht.

Wenn du spürst, wie dein Körper vom Atem der Wildnis durchdrungen wird, holst du dir deine natürliche Ganzheit zurück. Dann wirst du vom weiten Grasland eingehüllt und von der Bedächtigkeit und Dauerhaftigkeit der Berge umarmt. Dann hörst du in deinem Herzschlag das donnernde Rauschen des Meeres, das dich daran erinnert, dass dein Leben noch immer ein Teil der wilden Erde ist.

Du brauchst nur die Hand nach ihr auszustrecken.

Einleitung

Die Reise durch die Seelenlandschaften

Erinnere dich der Erde, deren Haut du bist...

Joy Harjo

Jede spirituelle Reise ist im Grunde die Suche nach Ganzheit. Wir sehnen uns danach, uns als Teil des großen Geheimnisses des Lebens zu fühlen. Wir wollen uns lebendig und zugehörig fühlen. Wir suchen unseren Platz und einen Sinn im Leben. Aber wie gehen wir vor? Wie erinnern wir uns daran, wer wir sind? Welcher Weg bringt uns nach Hause?

Dieses Buch zeichnet eine Reise in die wilden Gebiete der Seele auf, die durch fünf archetypische Landschaften führt: Wüsten, Wälder, Meere und Flüsse, Berge und das Grasland. Ich nenne sie »Seelenlandschaften«, da sie die Verschmelzung der inneren und der äußeren Natur sind – die Orte, an denen das Selbst und die Erde aufeinandertreffen. Wenn du in ihre Tiefen eintauchst, wirst du die Bilder der Landschaften in dir und die wilde Weisheit und Kraft im Innersten deines Wesens zum Leben erwecken.

Wir Menschen wurden schließlich nicht auf die Erde gebracht; wir sind aus ihr entstanden. Jeden Tag nähren wir uns von einem Teil der Erde, um am Leben zu bleiben. Die herrlichen Landschaften unseres Planeten sind unsere Urahnen; sie traten wie wir aus der Erde hervor, und ihre Kräfte rufen tiefe Gefühle in uns wach sowie Potentiale auf der bewussten wie auf der unbewussten Ebene.

Seit der Mensch vor ungefähr 200.000 Jahren ein Selbstbewusstsein entwickelte, sind wir darauf aus, uns mit diesen Landschaften zu verbinden – sie schlummern als Teil unseres angeborenen Musters, unserer Geburtsmatrix in unserem kollektiven Unbewussten.

Der Kulturhistoriker Thomas Berry drückt es in *Dream of the Earth* so aus: »Wir müssen hinaus und zur Erde gehen – sie ist unser Ursprung – und sie um Führung bitten, denn die Erde enthält nicht nur die körperliche Gestalt, sondern auch die seelische Struktur jedes Lebewesens auf unserem Planeten.«[1]

Heute, da wir uns immer mehr Sorgen machen, wie weit wir uns von der natürlichen Welt entfernt haben, spüren wir das Bedürfnis, mehr Zeit in der Natur zu verbringen, etwa mit Wandern oder Gärtnern. Das ist ungeheuer wichtig. Doch dieses Buch will weit mehr: Es lädt dich dazu ein, das uralte Bewusstsein der Erde zu erspüren, das in dir – wie in uns allen! – steckt und zu dem du jederzeit und überall Zugang finden kannst – sogar mitten in der Stadt.

Die Landschaften, die du in diesem Buch erkunden wirst, sind weder rein äußerlich noch der Person fremd, die du bist. Stattdessen sind sie genauso mit dem Innersten deines Selbst verwoben wie die Sterne oder die salzigen Tiefen der Meere. Denn die erstaunliche Wahrheit ist, dass die Weisheit der Erde aus vier Milliarden Jahren in deinen Zellen gespeichert ist. Es ist an der Zeit, dass du dir der ganzen ungeheuren Landschaft deiner Seele bewusst wirst.

Die verwundete Wildnis

Es ist verständlich, wenn du es kaum erwarten kannst, dich auf deinen persönlichen Weg zu machen, doch es ist wichtig, dass du dir einen Augenblick Zeit nimmst, den Bezug zwischen deinem inneren Wesen und der äußeren Natur zu begreifen. Denn diese Bezogenheit ist der Kern der Reise, auf die wir uns in diesem Buch gemeinsam begeben werden.

Wenn man bedenkt, wie sehr wir in die Erde eingebettet sind – dass wir buchstäblich aus demselben Stoff wie Flüsse, Felsen und Wurzeln gemacht sind –, lässt sich erkennen, wie sehr die Trennung von dieser wunderschönen, fruchtbaren Welt unserer Seele schadet. Hast du schon einmal einen schrecklichen Unfall oder Verrat oder

Verlust erlebt? Dann weißt du, dass man sich nach einem solchen Erlebnis leer oder traurig oder vielleicht sogar verloren fühlen kann. Es ist, als hätte ein Stück deiner Seele dich verlassen; als wärst du nicht mehr ganz.

Durch den Verlust unserer engen Beziehung zur Erde haben wir heutigen Menschen ein Trauma erlitten, das unsere wilde Seele dazu gebracht hat, sich abzuspalten. Wir mögen uns dessen nicht immer bewusst sein, da wir uns an unser schnelles, komplexes Leben voller neuester Technologien gewöhnt haben. Doch selbst wenn wir uns der Ursache unseres Schmerzes nicht bewusst sind, erleben wir die Trennungssymptome in Form von Entfremdung und Mangel an Lebendigkeit.

Die heutige Zeit mit ihrer mechanistischen Einstellung zeichnet sich durch bestimmte Dinge aus: Zweckmäßigkeit, Leistungsdenken, Normierung. Doch die wilde Seele – die du in Wahrheit bist – findet ihr Gefühl von Kraft und Schaffensfreude in der natürlichen Welt und braucht ganz andere Dinge, um zu gedeihen, nämlich schöpferisches Tun, Echtheit und Abwechslung. Wenn sie von der Erde abgeschnitten wird, verkriecht sich die wilde Seele wie ein verwundetes Tier. Dann fühlen wir uns unausgeglichen und abgesondert.

Unsere Seele sucht dann nach Mitteln und Wegen, die ihr ein Gefühl von wilder Freiheit geben. Die Sucht nach allem möglichen – von Alkoholsucht und Kaufzwang bis hin zu Internetsucht und Medikamentenabhängigkeit – ist ein häufiges Anzeichen für die Sehnsucht der Seele, sich von den tödlichen Aspekten der Moderne zu befreien. Doch diese Verhaltensweisen – die ich das »Leben in der Schattenwildnis« nenne – treiben uns nur noch weiter von unserem Ursprung fort. Am Ende sind wir gefangen, gezähmt und tief unglücklich.

Wie also können wir die verwundete Wildnis heilen? Wie können wir uns unsere wilde Seele wieder zu eigen machen? Die Antwort findet sich in uns selbst.

Kannst du dich an einen Augenblick in deiner Kindheit erinnern, in dem du in den Ästen eines Baumes gesessen oder den Wolken zugeschaut hast, während sie am Himmel vorüberzogen? Weißt du noch, wie lebendig deine Sinne damals waren? Wie friedlich und voller Möglichkeiten du dich gefühlt hast? Wie die Erde dich gehalten und getragen hat?

Auch jetzt kann etwas so Einfaches wie das sanfte Streicheln einer Brise oder der Anblick eines prächtigen Sonnenuntergangs dich daran erinnern, dass die Erde dich über die Grenzen deines Alltags hinausruft. Sie hält Weisheit für dein Leben bereit und verweist auf etwas Größeres und Lebendigeres in deinem Inneren. In dir ist etwas Wildes, Freies und Echtes, das sich danach sehnt, sich durch dein einzigartiges wildes Leben Ausdruck zu verschaffen.

Doch diese Augenblicke sind nur allzu flüchtig. Wenn wir wieder in unserer durchrationalisierten, schnelllebigen Existenz gefangen sind, wird unser Gefühl der Verbundenheit – wie die meisten Urlaubsfotos – zu einer angenehmen, aber unwirklichen Erinnerung.

Das Bewusstsein unserer Einheit mit der natürlichen Welt darf nicht länger in den Hintergrund gedrängt werden. Wenn wir für eine lebendige Zukunft sorgen wollen – nicht nur für uns selbst, sondern für die ganze Lebensgemeinschaft auf der Erde –, muss dieses Einheitsbewusstsein zum Leitgedanken unseres Lebens und unserer Zeit werden. Eben jetzt, in diesem Moment der Menschheitsgeschichte, ist es unabdingbar, eine Brücke über den nur in unserer Vorstellung existierenden Graben zwischen der menschlichen und der nichtmenschlichen Welt zu bauen, wenn wir nicht Gefahr laufen wollen, die wilde Schönheit zu verlieren, die unsere innerste Natur und unsere größte Hoffnung ist.

Unsere Identität wiederzugewinnen – nämlich Teil der wilden und sich ständig weiterentwickelnden Erde zu sein –, das ist Anliegen und Zweck dieses Buches. Denn das ist es, wonach sich die menschliche Seele sehnt: selbst eine Naturgewalt zu werden, indem sie ihren instinktiven schöpferischen Ausdruck durch jeden einzelnen von uns freisetzt. Darin findet sie ihre Ganzheit.

Im Folgenden werde ich die notwendigen Grundlagen für die Reise erklären, die wir antreten werden. Ich werde erklären, wo wir stehen, und eine Karte vorzeichnen, wohin wir gehen und wie wir diese Gebiete erreichen können. Doch vorher möchte ich noch eine Frage beantworten: Wie kam es zu der Spaltung zwischen der Erde und dem Selbst, und was sagt uns das über unsere bevorstehende Reise?

Wie wir hierhergekommen sind

Für Hunderte von Generationen war die wichtigste Beziehung der Menschen die zur Erde. Unsere Vorfahren befassten sich auf unmittelbare und eng verbundene Weise mit dem Land, dem Wasser und den Lebewesen um sie herum. Nachts blickten sie zu den Sternen auf und erzählten sich Geschichten über ihren Platz im großen Ganzen. Das Leben war hart und manchmal brutal, doch sie stellten ihr Grundgefühl, einer Lebensgemeinschaft anzugehören, mit der sie unauflöslich verwoben waren, niemals infrage.

Vor ungefähr 10.000 Jahren fingen wir an, uns von Sammlern und Jägern zu Bauern zu entwickeln, und so änderte sich unsere gesellschaftliche Ordnung. Wir wurden im Bepflanzen der Erde immer besser und waren keine Nomaden mehr. Stattdessen errichteten wir feste Siedlungen und begannen, Zivilisationen aufzubauen. Wachsende Städte ermöglichten immer komplexere politische Strukturen sowie Kunst, Musik und Theater. Als die Sprache nicht mehr nur das gesprochene Wort war, sondern in Schriftform festgehalten wurde, begannen wir, Weisheit in Büchern zu suchen anstatt in den sich wandelnden Gestirnen, im Wispern der Blätter oder in den Pfotenabdrücken auf dem Weg.

Ab dem siebzehnten Jahrhundert mit seiner starken Betonung von Verstand und Wissenschaft wurde die Erde nicht länger als Quell geistiger Nahrung und Weisheit, sondern als Rohstofflieferant gesehen. Wir hielten uns für von der Erde getrennte und ihr überlegene Wesen, die weder ihren Gesetzen unterlagen noch ihren Reichtum erkannten. Also begannen wir damit, den Planeten auf immer zerstörerischere Weise auszubeuten. Und unsere Religionen förderten das noch. Das Heilige war nicht länger in der Weite der Prärien, Wälder und Meere zu finden, sondern in ein himmlisches Reich verbannt worden, das Paradies genannt wurde.

Nichtsdestotrotz lebten wir im neunzehnten und Anfang des zwanzigsten Jahrhunderts noch immer in einer einigermaßen wilden Welt. Es gab noch Gegenden, an denen es von Wildtieren wimmelte und an denen sich keine Menschen angesiedelt hatten. Die Meere waren noch voller großer Fische und nicht durch Plastik verseucht. Große Flüsse strömten noch ungezähmt, und dichte Waldgebiete bedeckten riesige Areale der Erde. Die meisten Menschen lebten auf dem Land, nicht in der Stadt, und das war bis dahin immer so.

In unserem jetzigen Jahrhundert tut sich ein ganz anderes Bild auf. Flüsse und Grasland, Berggipfel und Meere – jeder Teil der Erde ist bedroht. Die unberührte wilde Natur verschwindet um uns herum. Es wird immer schwerer, sich als Teil dessen, was Gary Snyder »das ganze Berg-und-Fluss-Mandala-Universum« nennt, zu fühlen. Auch wenn es notwendig ist, die Trauer über diesen Verlust bewusst anzunehmen, dient es weder uns noch der Welt als Ganzem, wenn wir uns von diesem Schmerz lähmen lassen.

Von den Herausforderungen, denen wir uns stellen müssen, können wir uns leicht überwältigt fühlen. Doch was wäre, wenn die Erde wieder verwildern zu lassen, damit beginnen würde, unsere Seele wieder verwildern zu lassen? Wenn wir die wechselseitige Verbundenheit aller Lebewesen wirklich begreifen, folgt daraus nicht, dass sich jede Veränderung in unserem Inneren im großen Ganzen widerspiegeln wird? Wenn wir uns wieder in den Rhythmen, in der Weisheit und in den Mustern verwurzeln, die diesen Planeten ebenso erschaffen haben wie unser eigenes Fleisch und Blut und unsere Gefühle, was ist dann für die Erde und all ihre Bewohner möglich? Was ist, wenn die Heilung der Welt tatsächlich in unserem Inneren beginnt?

Die Weisheit der wilden Seele

Auf unserer Reise durch die Seelenlandschaften entwickeln wir uns weiter. Wir verwandeln uns von dem kleinen, egozentrischen Selbst, das von der Erde und anderen Wesen getrennt ist, in das wilde und umfassendere »ökozentrische« Selbst, zu einem Teil eines beseelten Planeten.

DIE MODERNE WELTSICHT **Egozentrisch/selbstbezogen**	**DIE WEISHEIT DER WILDEN SEELE** **ökozentrisch**
Glaube: Trennung Wir sind von der Erde getrennt. Was mit der Erde geschieht – und wie wir sie behandeln – hat keine Auswirkung auf unsere eigene Seele.	**Glaube: Ganzheit** Unser Bewusstsein ist Teil des größeren Körpers und Bewusstseins der Erde. Was immer wir der Erde antun, tun wir uns selbst an.
Erfahrung: Entfremdung Wir haben uns von der Erde entfremdet. Wir erleben eine innere Einsamkeit, das Gefühl, nicht gut genug zu sein, egal, wie viel wir erreichen oder besitzen. Wir sind von unserem Körper und unseren Gefühlen abgeschnitten.	**Erfahrung: Zugehörigkeit** Wir gehören zu einem heiligen Planeten, auf dem alles von Bedeutung und Wichtigkeit ist. Wir sind ganz und gar lebendig, mit allem verbunden, Teil der größeren Gemeinschaft allen Lebens. Wir wurzeln in einem Gefühl von Ort und Sinn.
Wesen: gezähmt Wir lehnen unser instinktives und ursprüngliches Selbst ab und stellen die Sicherheit der von Menschenhand erschaffenen Welt über die Natur und die Unmittelbarkeit des Lebens. Unser Verhalten ist häufig vorhersehbar und mechanisch.	**Wesen: wild** Wir sind sinnliche, instinkthafte und intuitive Wesen. Wir ziehen Wissbegierde der Besitzgier vor. Quell unserer Schöpferkraft, Weisheit und Lebendigkeit ist die natürliche Welt.
Affirmation: Ich löse mich von der Weltsicht der Trennung, Entfremdung und Zähmung.	**Affirmation:** Ich erkenne die Weisheit der Ganzheit, Zugehörigkeit und Wildheit mit Freude an.

Tun wir also den ersten Schritt und begeben wir uns auf die Reise tief hinein ins Herz der Seelenlandschaften.

Indem wir den Weg nach innen gehen, betreten wir die Stille der Wüsten und das Geheimnis der Wälder, gehen wir in das Strömen der Flüsse und Meere, in die Kraft der Berge und in die offene Weite des Graslandes, die alle in uns wohnen. Das führt uns zu einer Wahrheit, die die Macht hat, die Art, wie wir leben, handeln und träumen, zu ändern: Wenn wir unser Einssein mit der Erde bewusst spüren, zapfen wir eine Vielzahl von Ressourcen und Quellen der Weisheit an, welche es uns ermöglichen, ein erfülltes und leidenschaftliches Leben als Mitschöpfer der großartigen und sich weiterentwickelnden Geschichte dieses Planeten zu führen.

Indem wir unsere wilde Seele wiedergewinnen, entdecken wir einen Weg, wie alles Leben blühen und gedeihen kann – auch unser eigenes.

Der Weg zurück nach Hause

Als ich anfing, auf eine Weise zu leben, die meiner wilden Seele entsprach, hatte ich das Gefühl, mich meiner Familie und meinen Freunden zu entfremden. Ich war wie der einsame Königspinguin, den ich einmal auf Gable Island an der Spitze der Inselgruppe Tierra del Fuego beobachtet hatte.

Er stand ganz still auf einem Kieselstrand am Beagle-Kanal. Seine runden schwarzen Augen hoben sich von seiner dotterfarbenen Zeichnung ab, und seinen Körper bedeckte ein struppiges Federkleid. Er konnte nicht mit den anderen Pinguinen Fische fangen, denn er war in der Mauser und hatte daher noch nicht den Wärmeschutz, den er für das eiskalte Wasser brauchte. Wie ich später erfuhr, bereitete das Wachsen der neuen Federn ihm Schmerzen.

Verwandlung ist selten einfach. Manchmal wünschst du dir vielleicht, zahmer und weniger lebendig zu sein. Aber vergiss nicht: Die

Kraft der Erde steckt in dir und unterstützt dich in deinem Streben nach Ganzheit.

Das wurde mir in einem Traum, den ich hatte, als ich dieses Buch zu schreiben begann, sehr klar.

Ich schwebe mehrere Kilometer über der Erde und blicke auf etwas hinunter, das wie Ameisen aussieht, die aus dem glühenden Kern der Erde herauskrabbeln. Als ich näherkomme, sehe ich, dass es Frauen sind. Sie strömen aus der Mitte der Erde und bilden einen Kreis um den Erdball, wobei sie mit langen Stöcken einen rhythmischen Takt schlagen. Sie sind drahtig und haben eine aufrechte Haltung. Sie bilden einen schützenden Kreis der Liebe und Heilung um die Erde. Es sind feurige, unglaublich starke Kämpferinnen.

Diese Frauen stehen für alle von uns, die mit ihrer wilden Seele eng verbunden sind. Sie stellen die Stärke dar, die entsteht, wenn wir die »Ich-bin-heit« eines Berges oder Waldes für uns beanspruchen. Indem wir uns unser Geburtsrecht als Wesen der Erde zurückholen, werden wir zu zielgerichteten, leidenschaftlichen Wesen voller geballter Kraft.

Ganz gleich, ob du dich auf diese Reise begibst, weil du die Fesseln der heutigen Zeit abwerfen willst oder weil du eine engagierte Freundin der Erde bist und in deinen Bemühungen, die Welt zu verbessern, Unterstützung brauchst oder weil du dich einfach nur nach einer Wildheit sehnst, die dir mehr Kreativität, Freiheit und Mut gewährt – unabhängig von deinem Ausgangspunkt, wird diese Reise dich nach Hause bringen.

Durch deine Bereitschaft, dieses Buch aufzuschlagen, hast du schon den ersten Schritt hin zu einem leidenschaftlicheren und erfüllteren Leben gemacht. Ich glaube, du kannst den Ruf deiner wilden Seele schon spüren.

Die Planung der Reise

Dies ist ein Reiseführer zu deiner wilden Seele, und ich möchte dich ermuntern, ihn oft aufzuschlagen und zu nutzen. Sobald du dich mit den fünf Landschaften vertraut gemacht hast – entweder, indem du das Buch ganz durchliest, oder, indem du nur die kurzen Beschreibungen der Seelenlandschaften weiter hinten in dieser Einleitung liest –, kannst du die Reise von jedem beliebigen Ort aus antreten.

Vielleicht fragst du dich jetzt: »In welcher Seelenlandschaft befinde ich mich gerade?« Das Leben treibt dich zwar zu bestimmten Seelenaspekten, doch du kannst auch intuitiv spüren, wohin du zu einem bestimmten Zeitpunkt im Leben gehen solltest und welchen Seelenlandschaften du dich zuwenden musst. Wenn dich die Wüste erschöpft hat, steuerst du vielleicht die Meere und Flüsse an, um wieder ins Gleichgewicht und den Fluss des Lebens zu kommen. Oder du hast dich im Gebirge zu weit von deinem vertrauten Umfeld entfernt und das Bedürfnis, zu den Geheimnissen und der Weisheit der Wälder zurückzukehren.

Es erfordert Mut, die wilde Natur und die Weite der Seele zu betreten. Einige der Lehren, die in diesen Landschaften zu finden sind, kommen in Form von Herausforderungen daher; sie bringen eine verborgene Stärke zum Vorschein oder fordern uns heraus, uns unserem Schatten zu stellen. Als ehemalige Alkoholikerin, die seit dreißig Jahren trocken ist, hatte ich früher schreckliche Angst vor der Wüste. Ich wollte nichts mit ihr zu tun haben. Da ich süchtig nach übermäßigem Alkoholkonsum und voller dunkler Geheimnisse war, empfand ich das gleißende Licht der Wüste – und ihre immerwährende Trockenheit – als grausam; ich fühlte mich preisgegeben. Zu lernen, mich mit der Einsamkeit und Stille der Wüste anzufreunden, war unglaublich wichtig für die Heilung der inneren Wunde, die zu meiner Sucht geführt hatte.

Auf ähnliche Weise fühlst auch du dich vielleicht zu bestimmten Landschaften hingezogen und schreckst vor anderen zurück. Auf deiner Suche nach Ganzheit wirst du jedoch irgendwann lernen, sie alle freudig anzunehmen.

Insgesamt bilden die Seelenlandschaften den Reigen jener Heldenreise, auf die du dich mit deiner Suche begeben hast. Du hast die Gesellschaft hinter dir gelassen, um dich von der großen Stille der Wüsten einhüllen zu lassen, in den Wäldern uralte Weisheiten zu entdecken, in den Flüssen und Meeren in die Tiefen deiner Sehnsüchte einzutauchen, dich in den Bergen persönlichen Herausforderungen zu stellen und im Grasland zur Gemeinschaft zurückzukehren.

Hier nun kurze Beschreibungen der einzelnen Landschaften.

Wüsten

Wir gehen in die Wüste, um uns zu ändern. Hier formen und verändern Winde, die Namen wie Khamsin, Scirocco und Samum tragen, das Land; dann ist die Landschaft wie neu und nicht mehr wiederzuerkennen. Und hier formen auch Tod und Enttäuschung unsere innere Landschaft und schaffen so die Möglichkeit, dass in unserem Inneren etwas Neues geboren werden kann. Auf unserer Pilgerfahrt in dieses unermessliche, stille Land legen wir das Skelett unseres Wesens frei und decken so tiefe Quellen unserer inneren Kraft und unseres Gewahrseins auf.

Wälder

Was taucht aus den Schatten auf? Was schleicht hinter uns her? Was will zum Vorschein kommen? Im dunklen Wald, weitab von beruhigenden Wegweisern, lernen wir, im Geheimnisvollen zu leben. Wir sind weniger sicher, aber wir sind lebendiger. Zwischen Licht und Schatten, Himmel und Erde gehen wir auf dem weglosen Weg und entdecken unsere einzigartige Schöpferkraft und Weisheit und unser Gespür für den richtigen Zeitpunkt. Wir erwachen zu einem tieferen Gefühl für uns selbst.

Flüsse und Meere

Die Gewässer der Welt gestalten die Topographie der Erde; der Fluss unserer Sehnsüchte gibt unserem Leben die Richtung vor. Wenn wir lernen, die seichten Gewässer unserer vordergründigen Wünsche zu verlassen, entdecken wir die emotionale Kraft, die da ist, wenn wir aus den reinen Tiefen unseres Wesens heraus leben – doch erst müssen wir lernen, mit den vielen Formen unseres Verlangens umzugehen: Manche sind zerstörerisch, andere schaffen Leben.

Berge

Berge sprechen die Macht in uns an, unsere Welt so zu gestalten, wie es unseren wahren Werten entspricht. Ohne Berge würde die Erde in endloser Eintönigkeit verflachen. Ohne das Bedürfnis, Gipfel zu erklimmen, wäre unser Leben genauso öde. Wenn wir nach unserer vollen Lebendigkeit streben, erklimmen wir die Berge, um uns unsere Unbeugsamkeit und unsere Würde zurückzuholen. Die Berge, die voller Gefahren, Herausforderungen, Rückschläge und sogar Opfer sind, verleihen unserem Leben etwas Heldenhaftes.

Grasland

Im Grasland verwandeln sich die Flüsse in gemächliche, stetig fließende Ströme. Hier sammeln sich Herden von Antilopen und anderen Tieren, um von dem Wasser zu trinken, und Siedler erklären das Ende ihrer langen Fahrt und schlagen Wurzeln. Eine weite Fläche aus Grasland lädt dazu ein, sich niederzulassen, eine Gemeinschaft zu gründen, zu feiern und Dank zu sagen. Wenn wir unseren Platz in dieser Welt zu schätzen wissen, lernen wir, Beziehungen zu all unseren Nachbarn aufzubauen – nicht nur zu den menschlichen.

Bei meiner Arbeit als Gedichttherapeutin habe ich schon Hunderte von Menschen durch diese fünf Landschaften geführt und durfte viele Geschichten hören, von denen ich einige auf den folgenden

Seiten mit dir teilen werde. Um die Privatsphäre derjenigen zu schützen, die lieber ungenannt bleiben möchten, habe ich ihre Namen geändert und manchmal auch charakteristische Eigenschaften, wie beispielsweise Geschlecht oder Beruf. Die Geschichten entsprechen jedoch dem, was mir erzählt wurde. Die Namen derjenigen, denen es nichts ausmacht, genannt zu werden, finden sich unter den Danksagungen.

Ich verspreche dir, dass auch du auf dem Weg viele Einsichten – manche unterschwellig, andere wundersam – gewinnen wirst. Die natürlichen Sinnbilder, die aus diesen Landschaften aufsteigen, dringen tief in die Seele ein. Je mehr du mit ihnen arbeitest, um so mehr wird sich ihre Kraft auf dich übertragen. Das Fließen der Flüsse, die Festigkeit der Berge, die Widerstandsfähigkeit des Graslandes wird in deinen eigenen Tiefen lebendig werden und deine Wahrnehmung und deine Verhaltensweisen grundlegend verändern.

Ich richte meine Aufmerksamkeit auf jene Eigenschaften, die am häufigsten auftauchen, wenn ich mit anderen Menschen arbeite, und die mich am stärksten ansprechen. Du wirst jedoch deine eigenen Metaphern und Botschaften finden. Die Landschaften können unsere Empfindungsweisen prägen und in vielen Sprachen zu uns sprechen. Das weiß ich aus Erfahrung.

Als ich mit dem Buch anfing, hatte ich die feste Vorstellung, dass jede Seelenlandschaft sechs Eigenschaften hätte, von denen jede ungefähr drei Seiten in Anspruch nehmen und eine bestimmte Form annehmen würde. Die Erde musste sicher über meinen Versuch, ihre wilde Weisheit in saubere kleine Päckchen zu packen, lachen! Meine rationale Methode hat nicht funktioniert. Stattdessen wirst du die verschiedensten Stimmen und Klänge, kurze und lange Abschnitte vorfinden. Als ich mich den Landschaften überließ, musste ich die Zügel aus der Hand geben. So ist das, wenn man aus der wilden Seele heraus schreibt! Und auch, wenn man aus ihr heraus lebt.

Lasse dich ganz auf diese Reise ein; dann werden die Landschaften auch ihre Wirkung auf dich haben. Das Ziel ist also, nicht nur deine innere Wildheit zu erkennen oder zu »besuchen«, sondern sie in der Art, wie du lebst, vollkommen und lebendig zum Ausdruck zu bringen. Ich möchte dich bitten, dir Zeit zu nehmen und die Dinge langsam anzugehen: Lausche dem Lied des Flusses, schlage Wurzeln in der Weisheit der Bäume, fühle die Dauerhaftigkeit der Felsen. Um eine Beziehung zur Erde aufzubauen, musst du dir die Zeit nehmen, sie kennenzulernen.

Die Erkundungen am Ende eines jeden Kapitels geben dir die Gelegenheit, deine Reise zu vertiefen und zu bereichern. Sie sollen dir helfen, einen empfänglichen Geist und eine größere Vertrautheit mit deiner Umwelt zu entwickeln. Außerdem habe ich kurze besinnliche Schreibübungen eingebaut, die es dir leichter machen, deine Einsichten zu einem Teil von dir werden zu lassen, denn das ist notwendig für den Umwandlungsprozess. Um aus deiner Reise das Beste zu machen, solltest du deine Erlebnisse in einem besonderen Tagebuch festhalten.

Dies ist eine wilde und heilige Reise. Es gibt bei ihr keine falschen Ziele, kein verkehrtes Abbiegen. Denn sie führt dich nicht in eine vorher festgelegte Richtung; du sollst nichts anderes werden, als du schon bist. Ich bin sicher: Wenn du auf diesen Seiten von einer Landschaft zur anderen reist und dabei der Gegend im Außen und deiner Wildheit im Innern Aufmerksamkeit schenkst, wirst du feststellen, dass die, die du schon bist, viel großartiger ist, als du es dir je erträumt hast.

Und die nährende Erde unter deinen Füßen wird dich tragen; sie wird dich führen, wenn du dir die reiche Mannigfaltigkeit und Üppigkeit deiner wilden Seele zurückholst.

Das Affirmations-Mandala der wilden Seele

Während du dich von den Affirmationen in der Mitte des Mandalas nach außen bewegst, vertiefst du dein Gefühl des Einsseins mit der Erde und ihren kraftvollen Landschaften. Sprich jede Affirmation laut und lasse deinen Körper die Weisheit jeder Affirmation aufnehmen.

Wilde Seele
Seelenlandschaften
Selbst
Initiation
Bewusstwerdung
Wiedergewinnung

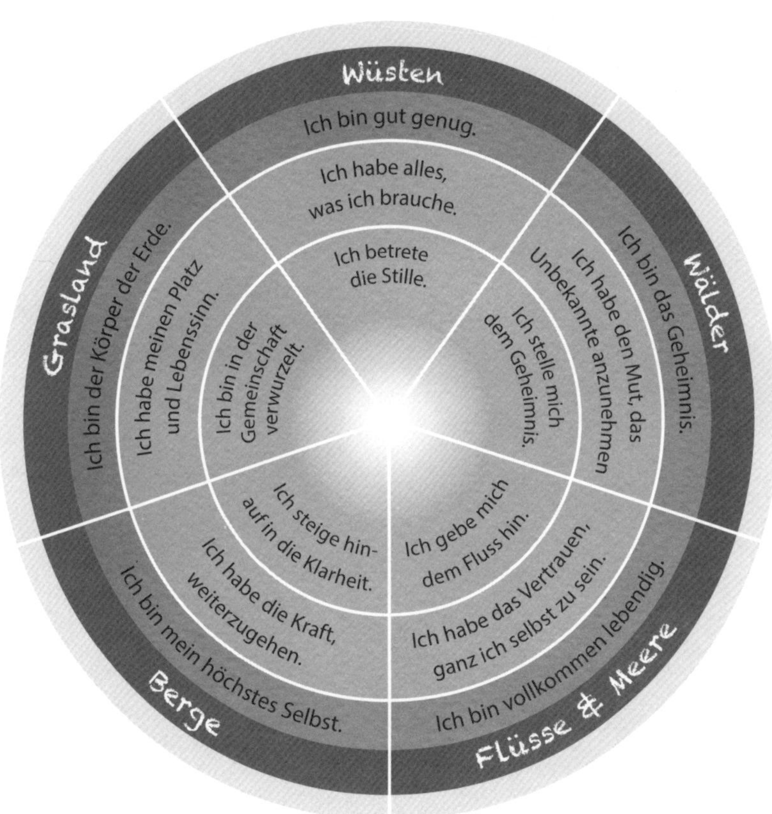

Teil 1

Wüsten

Ich werde in der Sprache der Wüste
zu dir sprechen,
antworte mit Eidechsenzungen.

Der Rhythmus des Tages ist der Rhythmus des Feuers …

Jay Griffiths

Über ein Fünftel der festen Erdoberfläche besteht aus Wüste. Die größte Wüste – die Sahara – verläuft quer durch Afrika und ist fast so groß wie die Vereinigten Staaten. Wüsten sind von vielerlei Gestalt: die roten Felsen von Utah, die farbenreichen Wüsten von Arizona, die weiten Schotterebenen der Wüste Gobi, die Sonora mit ihrem Wald aus Kakteen, die unendliche Weite der Kalahari oder Mojave – es sind die heißesten und trockensten Gebiete der Erde.

Wir erleben die Wüste auf mannigfaltige Weise: in den Winden, die Khamsin, Scirocco und Samum heißen und die Landschaft formen und umformen, sie immer wieder aufs Neue erschaffen; wir erleben sie in den Rissen und Falten unserer Haut, in der Trockenheit auf unserer Zunge, in der nackten Angst, die uns die Kehle zuschnürt; in der Einsamkeit, die uns mitten auf einer belebten Straße oder im geschäftigen Alltag packt; im Staub, der uns vom Ende der Straße entgegenweht.

In unserer tiefsitzenden Angst vor Schlangen tragen wir die Wüste in uns. Wir haben sie in Geschichten und Psalmen der Bibel, in den Liedern der australischen Ureinwohner und in unserer Sehnsucht nach Stille, Schlichtheit und Weite, die wir in der Enge und Unübersichtlichkeit des heutigen Lebens so vermissen. Und wir finden die Wüste in den gebleichten Knochen und sinnlichen Wüstenblumen der Künstlerin Georgia O'Keeffe.

Ganz gleich, ob du schon einmal in einer Wüste warst oder nicht – allein das Wort »Wüste« beschwört Bilder, Gefühle und Sinneseindrücke herauf, die zu deiner wilden Seele gehören. Die Wüste ist ein wichtiges, obgleich nur selten aufgesuchtes Gebiet in unserem Inneren.

Für manche Menschen ist die Wüste eine einladende Landschaft, für andere eine Herausforderung. Als ich einmal einer Gruppe von

Schriftstellerinnen die Seelenlandschaften vorstellte, sagte eine von ihnen: »Ich hasse die Wüste. Ich gehe da nicht hin.« Vielleicht geht es dir auch so. Wenn ja, versuche einfach nur Neugier zu entwickeln: Was an der Wüste macht dir Angst oder schreckt dich ab? Dies gehört zu deiner Selbsterfahrung, und die Antworten auf diese Frage werden dich wahrscheinlich überraschen.

Meine Freundin Kim war auf einem Stille-Retreat, als sie sich eines Morgens beim Aufwachen ganz leer und einsam fühlte. Als sie später von ihrem Rinpoche – ihrem buddhistischen Lehrmeister – gefragt wurde, wie sich die Leere angefühlt hat, antwortete sie sofort: »Wie die Wüste.«

»Dann nimm dir Zeit, über die Wüste nachzudenken«, riet ihr der Lehrmeister.

Zuerst sah Kim in der Seelenlandschaft der Wüste nur »ein Nichts«. Doch allmählich begann sie, die verschiedenen Farbtöne des Sandes wahrzunehmen, kleine Pflänzchen und einen zuckenden Eidechsenschwanz, und sie sah viele andere, meist wunderschöne Lebensformen. Zugleich wurde ihr bewusst, dass ihr Gefühl der Einsamkeit nur eine Täuschung gewesen war. Ihre innere Leere war in Wirklichkeit von prächtigem Farbenspiel und unscheinbaren Lebensformen erfüllt.

Ihre Einstellung zur inneren Einsamkeit wie zur Wüste änderte sich grundlegend. Später erzählte sie mir strahlend: »Ich habe vor keinem von beidem mehr Angst. Sie sind beides etwas Wertvolles für mich.«

Eine andere Frau vertraute mir an, sie wisse tief in ihrem Herzen, dass sie ein Wüstenmensch sei. Von Anfang an hatte sie ein schweres Leben gehabt. Als junge Frau war sie Soldatin geworden und war eine Zeitlang in Saudi-Arabien stationiert. Ihr Leben ist seitdem nicht leichter geworden. »Ich weiß, wie ich überall, wo ich eingepflanzt werde, aufblühen kann. Das Leben ist zwar hart, aber ich habe gelernt, trotzdem aus dem Vollen zu schöpfen.« Ich nahm ihre innere Kraft und Wahrhaftigkeit als etwas Starkes, Schönes und Kraftvolles wahr – wie einen stacheligen Kaktus, der in seinem Innersten Heilsalbe enthält.

So wie die Wüstenlandschaft sich verwandelt und verändert, so können sich auch die Gründe, warum wir uns in der Seelenlandschaft der Wüste wiederfinden, je nach den Umständen unterscheiden. Vielleicht werden wir auf der Suche nach Zeit und Raum zum Nachdenken in die Wüste versetzt. Womöglich sind wir widerwillige Besucher, die der Tod eines geliebten Menschen oder irgendein anderer großer Verlust in diese Gegend der gebleichten Knochen schickt. Oder aber wir befinden uns buchstäblich auf einer Durststrecke, die unsere Kreativität ausgetrocknet und uns mit dem stumpfen Staub der seelischen Erschöpfung überzogen hat.

Die Zeit in der Seelenlandschaft der Wüste wird uns zeigen, wer wir sind und was wir wirklich wollen. In gewisser Hinsicht könnte man sogar sagen, dass die Wüste – ein Ort weit weg von der Geselligkeit und Geschäftigkeit des Alltags – die Gegend ist, in der alle Heldenreisen beginnen.

Kapitel 1

Stille

Dein altes Leben war ein ängstliches Weglaufen vor der Stille.

Jelal al-Din Rumi

Kein Vogel- oder Wasserlied. Kein Blätterrauschen oder Hundebellen, bloß meilenweit ausgetrocknete Erde und wandernde Sanddünen. In der unermesslichen Weite der Wüste klingen die Bewegungen der Schlangen und Skorpione wie das Schnarren einer Marschtrommel. Der leichteste Wechsel des Windes ist spürbar. Die Stille schafft Raum in uns, macht uns leer.

In der Wüste ist der Schall, der sich in feuchterer Luft weit verteilt, schwächer. Geräusche sind gedämpft, wie wir selbst, aufgehalten von der Gluthitze – der staubtrockenen Atmosphäre.

Hör genau hin. Kannst du den Atem deines Daseins hören?

Als ich mit diesem Buch begann, ging ich in die Wüste. Ich musste mich denken hören.

Mein Mann und ich mieteten nahe am Joshua-Tree-Nationalpark in der hochgelegenen Wüste von Südkalifornien für eine Dezemberwoche eine Holzhütte. Ich wachte in der morgendlichen Frische auf, wickelte mich in eine große Decke und ging mit einer Tasse Kaffee und meinem Schreibheft nach draußen. In der kühlen Dämmerung wuselten Wachteln umher, stocherten Krummschnabel-Spottdrosseln mit nadelscharfen Schnäbeln in der Erde, und kleine bunte Vögel huschten über den Boden. Als die Sonne höher stieg und es immer heißer wurde, wurde die Welt still.

Am Vormittag brachen wir in die Wüste auf und bewegten uns in der Hitze nur langsam vorwärts. Wir stiegen in steile, steinige Schluchten hinunter und lauschten dem spröden Rasseln der Klapperschlangen. Wir kamen an Joshua-Bäumen vorbei, einige waren vom Feuer geschwärzt. Wir hockten uns in kühle Höhlen, um mittags unseren mitgebrachten Proviant zu verzehren.

Eines Nachts stand ich draußen und betrachtete das gewaltige Wabenmuster der Sterne. Mir fiel die Geschichte von dem südafrikanischen Schriftsteller Laurens van der Post und den Buschmännern der Kalahari wieder ein – wie irritiert sie waren, weil van der Post die Sterne nicht singen hören konnte, und dass sie ihn wie einen Kranken behandelten, weil er ihnen so leid tat.

Ich lauschte angestrengt.

Ich dachte daran, wie schwer es ist, im Lärm und Trubel unseres umtriebigen Alltags Ruhe und Frieden zu finden; dass wir von unserer fabelhaften Gabe der Sprache so eingenommen sind, dass wir darüber oft unser intuitives Wissen, das ohne Worte ist, vergessen; dass die Technik mit einer weiteren Schicht aus Lärm und Abgrenzung dazu beiträgt, uns von unserer Eingebung und der Sprache der nichtmenschlichen Welt zu entfernen.

»Der Mensch, der die Stille verloren hat, hat nicht nur eine menschliche Eigenschaft verloren, sondern seine gesamte Verfassung wird damit verändert«, schrieb Max Picard 1948 in *Die Welt des Schweigens*[1]. In jener Nacht berührte mich die unermessliche, zeitlose Ruhe der Wüste tief. Voll Staunen hörte ich meinen gleichmäßigen Herzschlag.

Die Stille der Wüste, die mich zuerst einschüchterte und überwältigte, fühlte sich mit der Zeit wie eine Notwendigkeit an – wie ein

Willkommen. Es war nicht die Lautlosigkeit der Einsamkeit oder des Verlusts, sondern eine tiefe, tröstliche Stille, die Licht, Schönheit, Bedeutung zuließ. Ich lernte, erst minutenlang und dann noch länger stillzusitzen. Die lautlose Weite der Wüste schien alles äußere und innere Geschnatter zu verlangsamen und dann fast ganz zum Versiegen zu bringen. Wie die gemeißelten Umrisse der Felsen um mich herum, begann das Buch in meinem Geist Gestalt anzunehmen.

An unserem letzten Vormittag saß ich – traurig über den Abschied, doch in tiefem inneren Frieden – auf der Veranda vor unserer Hütte und beobachtete ein kleines Baumwollschwanzkaninchen, das zwischen den Kakteen umherflitzte. Hin und wieder hielt es inne. Plötzlich wagte es sich blitzschnell an mich heran und steckte sein zuckendes Näschen in meine Sandale. Wir sahen uns mit großen Augen an, bevor es davonhoppelte.

Indem das innere Geplapper aufhörte, konnte das scheue, schutzlose Geschöpf in meine Sphäre treten. Es hatte mir sein Vertrauen geschenkt. Wenn ich die Stille, die die Wüste mir schenkte, in mir bewahrte, welche anderen wundervollen Dinge würden mir auf meiner Reise begegnen? Würde auch ich die Sterne singen hören?

Die Stille erkunden

Jeden Tag in die Stille zu gehen, ist ein wesentlicher Schritt auf deiner Reise. Anfangs reichen dafür fünf Minuten, doch versuche, diese Zeit innerhalb eines Monats auf zwanzig Minuten und später noch weiter auszudehnen. Am Anfang fällt es dir vielleicht schwer, dein inneres Geplapper zum Schweigen zu bringen. Kämpfe nicht dagegen an, sondern versuche, deine Gedanken wieder auf deinen Atem zu lenken oder konzentriere dich auf einen Gegenstand vor dir oder ein angenehmes Gefühl, etwa die Sonnenstrahlen auf deinem Gesicht. Du kannst diese Übung still zu Hause sitzend oder draußen an einem besonderen Platz machen. Wenn es dir mehr liegt, machst du es dir zur Gewohnheit, in Stille spazierenzugehen.

Hole nach jeder Zeit der Stille dein Tagebuch hervor und denke über diese Fragen nach:

Was ist mir aufgefallen?

Was habe ich gehört?

Wer oder was spricht gerade zu mir?

Kapitel 2

Durst

In der Wüste ist es das wichtigste, abzuwarten.

Alessandro Ponzato

Wenn wir müde sind bis auf die Knochen, zu Tode erschöpft und der Kummer uns niederdrückt, dann ruft uns die Wüste. Wir betreten sie ausgedörrt und erschöpft, jede Zelle unseres Körpers, jede Handbreit unseres Seins dürstet nach Wasser.

Wir sagen unseren Freunden nicht, was mit uns los ist. Wir nehmen den Hörer nicht ab. Wir vernachlässigen unsere Familie. Wie die anderen Wüstenbewohner lernen wir, uns anzupassen, uns zu vergraben, in Schlaf zu fallen.

Um Wärme abzuleiten, wachsen uns so große Ohren wie dem Wüstenfuchs; wir sammeln Feuchtigkeit in unserem Leib wie der Kaktus; Tautropfen werden kostbarer als Perlen. Unsere Haut wird dick und stachelig. Wir rühren uns nur, wenn es nötig ist, verlangsamen unseren Herzschlag.

Manche Leute erklären uns für tot.

Wir werden unsichtbar, leben im Untergrund, gekühlt von Schichten aus Wüstensand. Wir meiden die Sonne, suchen Nahrung unter dem vollen Mond und schleichen auf Pfoten, denen die Dornen nichts anhaben können. Wir heulen wie ein Kojote in der Nacht. Uns wächst eine lange, spiralförmige Zunge, die in der Dunkelheit nach Süßem sucht wie jene der Flughunde, und wir merken, dass wir wie ein Gnu feuchte Erde auf Meilen riechen können.

Ausgedörrt erduldend, die Haut ausgetrocknet, die Nägel brüchig, unser Herz voller Risse.

Und wenn der Regen dann endlich kommt, findet er das Zerbrochene in uns und strömt hinein.

Den Durst erkunden

Wie lernst du, damit umzugehen, wenn du von Erschöpfung oder Kummer ergriffen wirst?

Stelle dir vor, du würdest in einer besonders ausgeprägten Dürreperiode in der Wüste wohnen. Fange mit den Worten »Ich bin das Wesen, das …« oder »Ich bin die Pflanze, die…« an zu schreiben. Stelle dir vor, welche Anpassungs- und Überlebensstrategien du entwickelst. Schreibe zehn Minuten lang oder auch länger, wenn es dir gefällt. Nimm dir nach Beendigung der Schreibübung einen Augenblick Zeit, um über das Geschriebene nachzudenken, und frage dich: »Was habe ich durch das Überstehen einer Mangelzeit in meinem Leben gelernt?«

Nimm dir noch ein paar Minuten Zeit, um deine Einsichten kurz zu notieren.

Kapitel 3

Einfachheit

Ein Zustand vollkommener Einfachheit
(der nicht weniger als alles kostet).

T. S. Eliot

In der Wüste ist Wasser ein Geschenk. Wenn es regnet, ist die Luft wie aus dem Nichts vom Singen der Vögel erfüllt, aus dem Land bricht ein Blumenmeer hervor. Eingekapselte Samen, die jahrelang im Sand geschlummert hatten, haben auf die ersten Regengüsse gewartet, um aufzubrechen und zu blühen.

Und all das ist so viel schöner, weil es nicht alltäglich ist.

Was brauchst du wirklich?

Ich sitze in der Nähe des Felsens Balanced Rock im Arches Nationalpark in Utah. Die bloßen Umrisse des Felsens und jeder seiner Spalte werden nach und nach enthüllt, als die Sonne am Horizont emporsteigt. In der stählernen Morgenluft gibt es kein Anzeichen der Hitze, die schon bald einsetzen wird.

Eine Thermosflasche mit Tee, Ohrenschützer, ein Sitzkissen. An einem Morgen in der Wüste wächst die Freude in mir wie wilde Blumen, während Steine lebendig werden, Formen annehmen, sich rot verfärben – wie Blut und Gold. Vielleicht kann ich hier gegenwärtiger sein, weil die Erde in der Wüste gegenwärtiger ist – weil hier alles deutlicher wahrgenommen wird als in anderen Gegenden, wo die Konturen vom Pflanzenwuchs verdeckt werden. Irgendwie bin ich meiner selbst bewusster – für mich sichtbarer.

Was die Wüste so schön macht, ist das Fehlen von Überflüssigem und ihr Vermögen, etwas vorzuenthalten. Das, was entfernt wird, ist bei einer Skulptur genauso wichtig oder sogar noch wichtiger als das, was übrigbleibt. Während ich hier sitze, weiß ich, dass der amerikanische Traum, wie er heute besteht, der Wüste nicht standhalten wird. Das unstillbare Verlangen nach mehr – nach immer Größerem und ständigem Wachstum – hat in diesem unerbittlichen Land offensichtlich keinen Platz. Am Ende wird Las Vegas der Mojave nicht standhalten können. Auf Dauer wird der Wüstenboden sich weigern, es am Leben zu erhalten.

Dieses Land ist wunderschön, doch seine Schönheit ist zart und zerbrechlich. Wie eine lange Pause nach einem Musikstück oder ein Raum, der nach dem Zen ausgerichtet und frei von allen überflüssigen Dingen ist, beruhen seine Größe – und sein Überleben – auf Zurückhaltung.

Eine meiner Schülerinnen sagte einmal, die Wüste würde sie an eine schöne Frau erinnern, die ungeschminkt, aber gut gebaut ist. Und ich glaube, das ist wahr. Weniger ist mehr, wenn der Wesenskern schön ist.

Was brauche ich?

Einfachheit, nur das Nötigste zu haben, verbindet uns mit dem, was strahlend und lebendig ist, nicht Durcheinander und Überfluss. Der stachelige Kaktus trägt seinen lebensspendenden Saft im Herzen. Ein Leben, in dem wir uns nichts vormachen, das auf den elementaren Bedürfnissen beruht, kann einen ungeheuren inneren Reichtum hervorbringen.

Ein Grund, warum wir in die Wüste gehen, ist, weil wir wissen wollen, wer wir ohne all unser äußeres Zubehör sind. Es ist eine zutiefst vergeistigte Lebensweise: im fleischlosen Knochengerüst des

Lebens, so wie Licht gleich schmelzendem Gold auf einer nackten Steinoberfläche erstrahlt, wobei nichts zwischen den Lichtstrahlen und der schlichten Form des Steins steht.

Irgendwann wird alles in der Wüste erhellt. Das Licht durchdringt alles. Es gibt keinen Ort, an dem man sich verstecken kann.

In der Wüste wird uns klar, was uns wichtig ist – Wasser, Nahrung, Geborgenheit, Liebe, Familie, Gemeinschaft, eine sinnvolle Arbeit. Alles andere wirft Blasen und verbrennt in der erbarmungslosen Hitze des Tages, zerrinnt in den Nächten, die vor Sternen bersten.

Vom Überfluss befreit, wird unser Leben in der Pracht des Saguaro *(Carnegiea gigantea)* erstrahlen, der in der Nacht blüht. In tiefster Dunkelheit, fern vom Tageslicht, entfaltet der Kaktus eine einzige verschwenderische Blüte wie einen bleichen Knochen aus Mondschein mit dem Duft von Moschus. Dann schwingen sich Blütenfledermäuse mit ihren kurzen Schnauzen in die Lüfte und besuchen die Blüte; ihre langen Zungen lecken den Sirup auf. Seine Süße ist ein so seltenes und erstaunliches Wunder, dass diese Fledermäuse Hunderte von Kilometern weit fliegen und oft sogar ihre Jungen zurücklassen, nur um sich daran zu laben.

So ist die Wüste: eine Schönheit, die wartet; eine Üppigkeit, die sich vorenthält; Augenblicke berstender Sinnlichkeit, dazwischen lange Durststrecken, die nicht von der Fülle des Lebens ablenken, sondern sie betonen… die einen schlichten Schluck Wasser in einen Augenblick der Gnade verwandeln.

Was brauchst du wirklich?

Die Einfachheit erkunden

Schaffe dir zu Hause eine Ecke Wüste. Vielleicht findest du ein paar außergewöhnliche Steine, Kakteen oder eine kleine Kiste mit Sand, mit der du diese Ecke ausstattest. Das Wichtigste ist jedoch, dass dieser Ort so wenig enthält wie nur möglich – eine stiller, schlichter Platz.

Wenn du Kinder hast, dann erzähle ihnen von diesem besonderen Ort. Sage ihnen, dass jedes Familienmitglied ihn gerne aufsuchen kann, aber nichts zurücklassen darf. Der Platz muss frei von jeder Unordnung bleiben. Wenn in deinem Zuhause kein Raum für einen solchen Ort ist, dann suche dir irgendwo in deiner Gegend eine Stelle, an der du Leichtigkeit und Einfachheit erfahren kannst.

Schreibe deine Antworten auf die folgenden Fragen nieder, nachdem du eine Zeit an deinem Ort des Friedens verbracht hast:

Was stelle ich in meinem Inneren fest, wenn ich an einem Ort bin, der frei von allem Überflüssigen ist?

Wie kann ich mehr Einfachheit in mein Leben bringen?

Was muss ich dafür vielleicht loslassen?

Was brauche ich wirklich?

KAPITEL 4

Klarheit

In der Wüste braucht man Zeit, um zu sehen.

Terry Tempest Williams

Die Energie des Kojoten ist in der Wüste unterwegs. Die Hitze flimmert und verzerrt, verbiegt die Wirklichkeit, verwandelt Steine in Raben, Bäume in fremde Riesen. In der Ferne kräuselt sich der Sand wie das Wasser klarer Teiche. Das Verlangen, den Durst zu stillen, ist real, doch das Wasser vor dir ist es nicht.

Was du siehst, ist nicht immer das, was es scheint.

Die Wüste ist eine Seelenlandschaft der Täuschung, der Magie und Trickserei. Phantasiegebilde aus Stein und wehendem Sand spielen deinen Augen Streiche. Spukgestalten steigen auf und schweben über gespenstische Mondlandschaften. Eine farbenfrohe Karawane zieht durch die Wüste; ihre Spuren verwehen im Wind. Hier hat alles weniger Gewicht, ist weniger fest und verwurzelt. Alte Überzeugungen, ungeprüfte Meinungen, veraltete Weltanschauungen verwehen in der leisesten Brise wie die Fußspuren von gestern.

Dies ist keine konkret fassbare Landschaft, durch unsere Gewissheiten fest geworden, hier wird unsere Phantasie in eine fließende, magischere Welt entlassen. Die Luft ist klar, die Sicht wird nicht durch Bewuchs und Bäume begrenzt und reicht bis zum weiten Horizont. Und doch ist die Wahrnehmung, trotz all der Klarheit, unsicher und widersprüchlich. In der Wüste erkennen wir, dass ein Traum zur Wahrheit führen, eine angenommene Wahrheit jedoch zu Staub werden kann, wenn sie demaskiert wird. Der Grund unseres Seins bewegt sich. Was ist real in einer Welt, die sich ständig verändert? Und was ist trügerisch?

Die Wüste, Heimstatt der Außenseiter, Mystiker, Wahrsager, Narren, Einsiedler, Träumer und Dichter, gehört denen, die die Welt anders sehen. Sie schürfen tief, schauen über die Schubladen und beschränkten Vorstellungen hinaus, über die gesellschaftlichen Normen, die unser Denken fesseln und uns auf engen Bahnen halten. Großartige Visionen werden hier geboren – und sie sterben hier auch. Alles ist fragwürdig und doch ist alles zutiefst verzaubert.

Das Überleben hängt davon ab, nichts als selbstverständlich zu betrachten. Man lernt, sich auf sich selbst zu verlassen und die Gegend gründlich zu erkunden. Alles muss eingehend untersucht werden. Vielleicht kann man hier nach Gold graben? Oder vielleicht nur nach Katzengold. Das musst du herausfinden.

Als ich eines Nachts in der Wüste zeltete, »sah« ich die Macht der Wüste in einem Traum.

Eine riesige Schlange mit einem blauen Halsband aus Glitzersteinen erhebt sich mit flackernder Zunge aus der Mitte eines Fernsehbildschirms. Ich staune über ihre majestätische Schönheit und die glänzenden goldenen Schuppen. Wortlos weist mich die Schlange an, das, was ich höre, für fremde Ohren zu übersetzen, damit andere es auch verstehen können. Ich bin unsicher, habe jedoch keine Angst. Ich weiß, dass ich gehorchen muss.

Später fand ich bei der Beschäftigung mit den *Medicine Cards* – Bildern, die auf der überlieferten Weisheit der Indianer beruhen – heraus, dass die Schlange für die kosmische Einheit, die Verbindung zu allen Dingen, steht. Bei der Medizin der Schlange geht es darum, einen Gedanken, eine Handlung oder einen Wunsch umzuwandeln, damit Ganzheit entstehen kann. Das glitzernde blaue Halsband um ihre Kehle stellt das fünfte Chakra dar: die Fähigkeit, die Ganzheit schöpferisch auszudrücken. Dieses Traumbild lehrte mich, worum es bei meiner Berufung wirklich geht. So hilft uns die Wüste, die Dinge klar zu sehen.

Es gibt Zeiten, in denen du dir keinen größeren Gefallen tun kannst, als das »normale« Dasein oder den Versuch, dich anzupassen, für eine Weile aufzugeben. Weit weg vom alltäglichen Umgang und den gewohnten Aktivitäten, fern den ständigen Anforderungen der Welt, lernst du in der Wüste deiner Seele, dich im Reich der Träume und Synchronizitäten zu bewegen, die dich für neue Einsichten öffnen. Gedichtzeilen schneiden sich ein in die Schluchten deiner Seele. Du musst deine Wahrnehmungen infrage stellen und entwickelst Klarsicht.

Wenn die Kojoten heulen, antwortest du ihnen hier mit deinem eigenen schelmischen Lied und kündest von der Welt, wie du sie mit wilden, unverstellten Augen siehst.

Die Erkundung der Klarheit

Schreibe eine deiner Überzeugungen auf. Zum Beispiel, dass du unbedingt deine jetzige Arbeit behalten musst, dass sich sowieso nichts ändert oder dass nur du weißt, was in deiner jetzigen Situation das Beste für dich ist. Setze dich dann an einen stillen Ort und stelle dir vor, du wärest in der Wüste – oder noch besser: Gehe in die Wüste. Dann achte darauf, wie es sich in deinem Körper anfühlt, wenn du jetzt deine Überzeugung laut aussprichst. Wie nimmt die Luft deine Überzeugung auf? Fühlt sich deine Aussage richtig an? Hole nun dein Tagebuch hervor und schreibe zwei kurze Texte.

Erst: »Diese Überzeugung ist richtig, weil…«

Und dann: »Diese Überzeugung ist *nicht* richtig, weil…«

Dann denke über deine beiden Antworten nach und notiere kurz eine dritte Überlegung: »Das ist die Sichtweise, die mir und anderen am ehesten weiterhelfen würde…«

Diese Wunschvorstellung nimm in deine nächtlichen Träume und Tagträume, so wird sie immer deutlicher und klarer.

Kapitel 5

Leere

Doch in diesem Nichts finden wir das, von dem wir gar nicht wussten, dass es da ist.

Susan Griffin

Kryptobiose: Abstand halten. – Bei meiner Wanderung durch die Mojave-Wüste ließ ein Schild mit dieser Aufschrift mich innehalten: »krypto« = verborgen, »bios« = Leben. Verborgenes Leben. Ich kniete mich hin und betrachtete den Wüstenboden. Die Flechten, Moose und Cyanobakterien, die den Boden wie mit zarten Stickereien und Spitzen verzierten, konnte ich mit dem bloßen Auge kaum erkennen. Fast unsichtbar war diese lebendige Decke, die den Boden vernetzte und Feuchtigkeit auffing – so lebensnotwendig und dabei so leicht durch unachtsame Schritte zerstört.

Von der feinen Webkunst zu meinen Füßen verzaubert, dachte ich über die Menschen nach, die jeden Frühling in Scharen in die Wüste fahren, um die Wildblumen zu bestaunen, und wie wenige von ihnen innehalten, um das verborgene Leben zu bewundern, das die Blumen erst möglich macht. Unter dem Prunk und Glitzer lebt der Boden unseres Seins, der für unser Überleben unabdingbar ist.

Doch wie oft trampeln wir auf dem verborgenen Leben in unserem Inneren herum? Und um welchen Preis?

Dass die Wüste sich der Kultivierung entzieht, ist eine Beleidigung unserer geläufigen Vorstellung, wie Land zu sein hat: fruchtbar, tätig, produktiv; mit anderen Worten: so, dass es ein Land – oder einen Menschen – nützlich macht. Wir nehmen die Wüste als *terra nullius* wahr, was sie ausmacht, ist das Fehlen von Leben.

Aber ist es nicht so, dass es auch in deinem Inneren einen Ort gibt, der für Kultivierung und Ausbeutung unerreichbar bleibt? Ein Ort, der einfach nur *ist*, ganz gleich, was du tust, wen du liebst oder wie du aussiehst. Die Buschleute der Kalahari bezeichnen sich als Wüste in menschlicher Gestalt. Gibt es in dir nicht auch so eine Welt?

Unser Drang, unsere Umwelt zu verändern und aus ihr Gewinn zu schlagen, verhindert, dass wir mit unserem wahren Wesen im Frieden sind. Solange wir Dinge optimieren, fühlen wir uns zu etwas nutze, so machen wir Fortschritte. Doch die Wüste ist am meisten sie selbst, wenn die Sonne herunterbrennt, wenn die Welt stillsteht und sich Taschenspringer und Schwarznarbenkröte im Sand eingraben, die Eidechsen den knappen Schatten der Büsche genießen und sich nichts rührt. Und bist du nicht auch am meisten du selbst, wenn du – selbst an Gedanken – still und leer wirst?

Die karge und weite Seelenlandschaft der Wüste lädt uns in die unendliche Weite unserer Mitte ein – auf die riesige Ebene des inneren Gewahrseins –, wo wir ohne Absicht betrachten, was wir vorfinden. Auf diese Weise fördert die Wüste die Entwicklung des *gewahrenden* Bewusstseins: eine klare Sicht und die Annahme dessen, was wir sehen.

Das gewahrende Bewusstsein findet seinen Ausdruck zum Beispiel in den Liedern – oder »Traumpfaden« – der australischen Ureinwohner, die damit ihr Land »kartographieren«. Ein Aborigine kann über die rote Erde des verdorrten Outbacks, das in unseren Augen eintönig und leblos ist, große Entfernungen zurücklegen. Für ihn enthält jede Bodensenke, jeder beschattete Hang eine Geschichte von Wasser, Tieren, Pflanzen und Vorfahren. Ein Lied ist das kostbarste Gut, das ein Aborigine besitzt, da es jede Eigenheit des Landes festhält und bis ins kleinste Detail lebensrettendes Wissen enthält.

Diese Art des Gewahrens betrachtet das Selbst nicht als etwas vom Land Getrenntes. Es ist ein Sehen, das ein Lobpreisen ist, innige Vertrautheit, Eins-Sein. Für die Buschmänner der Kalahari bedeutet es, dass sie ein Straußenei mit lebensnotwendigem Wasser finden, das vielleicht vor vielen Jahren in einer Landschaft ohne Bäume, Flüsse, Straßen oder andere Merkmale vergraben wurde. Die Wüste zeigt uns, dass die leersten und scheinbar ödesten Orte voller Leben sind.

Wie Laurie in einem meiner Workshops schrieb: »Die Kargheit der Wüstenlandschaft in mir macht mir zwar Angst, doch wenn ich genug Geduld aufbringe und mir die Zeit nehme, die sie mir schenkt, damit ich wirklich sehe, weiß ich, dass ich einen Brunnen in mir finde, aus dem ich trinken kann.«

Du bist hier, um *deinen* Weg durch die Wüste zu finden. Vielleicht hast du wie Laurie Angst und fühlst dich verloren. Vielleicht hast du vergessen, wer du bist oder wohin du gehst. Vielleicht musst auch du dein »Lied« wiederfinden. Ohne die gewöhnlichen Sicherheiten betrittst du die Wüste vielleicht mit der Frage: »Bin ich so, wie ich bin, gut genug?« Der Wind, die Weite, die Trockenheit werden dir antworten.

Wir finden unsere innere Musik, indem wir herausfinden, wer wir im tiefsten Inneren unseres Wesens sind, wenn alles andere verschwunden ist. Wir gehen nicht in die Wüste, um etwas zu sein oder zu erreichen, sondern um die Schönheit und Wunderbarkeit zu finden, die schon immer in uns steckt.

Sieh nur die Schaufelfußkröte mit den leuchtend goldgelben Augen. Während langer Hitzeperioden gräbt sie sich in den Wüstensand, um nicht auszutrocknen. In der Erde vergraben, kann sie monatelang in einem Zustand überleben, der dem Winterschlaf gleicht. Für die Kröte ist das Zeichen, dass sie während der Sommergewitter wieder an die Oberfläche kommen sollte, nicht etwa die Feuchtigkeit, sondern vielmehr ein tiefer Ton oder eine dumpfe

Schwingung, die wohl vom Regen oder Donner ausgelöst werden. Mir gefällt die Vorstellung, dass die Kröte ihren eigenen Traumpfad hört und sich an die Oberfläche arbeitet, um zu verkünden: »Hier bin ich. Hier bin ich.«

In der Weite der trockenen Wüste ist es schon ein Wunder, einfach nur zu sein.

Die Erkundung der Leere

Nimm dir zwei Stunden oder länger Zeit, um eine Collage anzufertigen. Du wirst deinen eigenen Traumpfad schaffen.

Dafür brauchst du ein leeres Blatt Papier oder ein Stück Pappe (Din A4 oder größer), mehrere Zeitschriften mit allen möglichen Bildern, einen kleinen Haufen Papierstreifen (etwa 1 cm breit) und einen Klebestift.

Setze dich zuerst still hin und werde dir deines Körpers gewahr. Achte auf deinen Atem und deinen Herzschlag und – falls du im Freien bist – darauf, wie sich Wind und Sonne auf deiner Haut anfühlen.

Schreibe alles, was du an dir wahrnimmst – Gedanken, Gefühlsregungen oder körperliche Empfindungen – auf einen der Papierstreifen, ohne sie zu beurteilen.

Sieh dir die notierten Sätze an, wenn du meinst, fertig zu sein, und ordne sie in einer Reihenfolge an, die sich richtig anfühlt.

Dein Lied könnte zum Beispiel so lauten:

Hunger im Bauch,
innere Traurigkeit…
Galaxien von Gedanken schwirren in mir herum.
Ich fühle mich so fest wie ein Stein, der von der Sonne erwärmt wird…

Nun schneide die Bilder aus den Zeitschriften aus, die die gefühlte Landschaft deiner Worte widerspiegeln. Daraus kannst du deine wundervolle »Traumpfadcollage« zusammenstellen.

Nimm dir beim Zusammenstellen der Collage einen Augenblick Zeit, um wahrzunehmen, wie vielfältig, schön, einzigartig und lebendig du bist. Achte auf den Gefühlston deiner Bilder und Sätze. Wie fühlt sich das Grundempfinden deines Seins in diesem Augenblick an?

Wenn deine Collage fertig ist, dann suche dir einen stillen Ort fernab der Welt, um dein Lied zu singen.

Notiere alle weiteren Gedanken, die du in deinem Tagebuch festhalten möchtest.

Kapitel 6

Vergänglichkeit

Wir alle fangen als Knochenbündel irgendwo in der Wüste an.

Clarissa Pinkola Estés

In der Wüste wird der Tod mehr als in jeder anderen Landschaft offenbar. Kaktus und Joshua-Baum sind Zeugen der gebleichten Knochen, die überall verstreut herumliegen – Knochen, die sich in einer Luft ohne Feuchtigkeit nur schwer zersetzen. Dürre und glühende Hitze erinnern uns ebenfalls daran, dass das Leben kostbar ist und nicht ewig währt.

Caroline Brumleve, eine Teilnehmerin an einem meiner Workshops, hat es so ausgedrückt: »Es wäre ganz leicht, in diese Trockenheit hinaus und dem Tod in die Arme zu laufen. Oder du könntest dich einfach hinlegen und warten.«

Es war fast 40 Grad heiß. Der Himmel strahlte, als wäre ich auf dem Planeten der zehn Sonnen gelandet. Ich ging durch die Badlands von South Dakota. Ich habe von Bergsteigern gehört, die in der Höhenluft langsam eingenickt sind. Ich befand mich im Brodem der Hitze, und mir ging es ähnlich. Ich war versucht, mich hinzulegen. Als ich wieder bei meinem Auto anlangte, erschrak ich, denn meine Trinkflasche, die am Anfang meiner fast zehn Kilometer langen Wanderung zwei Liter Wasser enthalten hatte, war leer.

Sich in dieses lebensfeindliche Land zu begeben, erfordert immer wieder Vertrauen. Wir sind versucht, den Verlockungen von Trugbildern zu erliegen: der Täuschung, dass wir unserem Ende entgehen und ewig leben, niemals krank werden oder die Dinge oder Menschen, die wir lieben, nie verlieren. Doch wenn wir den Mut aufbringen, uns der Unausweichlichkeit des Verlusts zu stellen, gewährt die Wüste uns ihre große Gunst: inneres Wachstum.

Die Wüste zeigt uns, dass alles vergänglich ist. Hier verändert sich die Landschaft aus Sanddünen durch den plötzlich aufkommenden Wind; große Staubwolken meißeln den Stein und formen ihn zu seltsamen, sich ständig wandelnden Skulpturen. Eine plötzliche Überflutung kann einer ganzen Gegend in kurzer Zeit eine neue Gestalt geben. Das Leben ist nicht nur die Reise hin zu dem einen letzten Ende, sondern vielmehr eine Reihe an Verlusten, die uns und die Landschaften, die wir bewohnen, ständig verändern.

Wir gehen in die Wüste, um den Tod zu erkunden, um zwischen Gerippen umherzugehen.

Den Tod in die Mitte unseres Lebens zu rücken, mag morbide scheinen. Doch wenn du eine Zeit in der Wüste verbringst, wirst du schon bald anders darüber denken. Hier durchleben die Wildblumen in nur sechs Wochen die Wandlung von Saatkorn zu Saatkorn, aber in dieser kurzen Zeit entfalten sie eine solche Pracht, dass man sie nicht bemitleiden muss. Die Schaufelfußkröte lebt nur zwei kurze Tage lang ihre Leidenschaft und durchdringt die Stille mit ihrem *Mäh*, bevor sie wieder im Untergrund verschwindet. Doch was für ein lauttönendes Fest des Lebens sie feiert!

»Für mich sind sie genauso schön wie alles andere, was ich kenne«, hat Georgia O'Keeffe über die von der Sonne gebleichten Gerippe und Schädel, die sie in der Wüste fand, gesagt.[1] Doch genauso erstaunlich fand sie die üppigen Blumen, die sie gemalt hat. Und ist nicht gerade das der grundlegende Widerspruch der Wüste? Indem wir die Tatsache des Todes und unserer Sterblichkeit anerkennen, werden wir uns – vielleicht mehr als jedes andere Lebewesen – bewusst, wie kostbar das Leben ist.

Das wurde mir im Mai 2009, als ich mich von Elizabeth verabschiedete, die über drei Jahre lang meine enge Freundin und mein kreatives Vorbild war, nur allzu klar. Ich besuchte sie zusammen mit Annie und Lee, zwei anderen Mitgliedern unserer Schreibgruppe. Ihr schwarzes Haar hatte sich in eine dünne weiße Mähne verwandelt, und sie lag unter dem Fenster in einem Bett, das Tageslicht beschien ihren Körper.

Ich hatte meine Kamera mitgebracht, und ihre Krankenschwester machte Fotos von uns vieren – von Elizabeth, Annie, Lee und mir. Als ich ein paar Stunden später zu hause die Fotos auf den Computer lud, sah ich nur noch Elizabeths Strahlen, ihre Schönheit und Anmut, die die Verwüstungen des Krebses transzendierten. Es war, als hätte sich alles Licht der Welt in ihrem Inneren gesammelt.

Ich habe mich selten so traurig gefühlt wie damals, als ich ihr Haus in dem Wissen verließ, sie nie mehr wiederzusehen – und selten so hungrig nach dem Leben.

Wir können viel Kraft darauf verschwenden, den Tod zu verdrängen, indem wir unser Leben auf Sicherheiten bauen und versuchen, uns zu schützen; wie Touristen, die mit lauter Musik durch die Wüste rasen und glauben, vor den Gefahren gefeit zu sein, die dort lauern.

Doch wenn wir der Wüste erlauben, uns unsere Augen zu öffnen, stellen wir vielleicht fest, dass eine überraschende Unbekümmertheit in uns aufsteigt. Dann können wir eine neue Freiheit erleben und uns entscheiden, das Leben angesichts seiner Kürze, wie die Schaufelfußkröte, lieber voll und ganz auszukosten.

Die Erkundung der Vergänglichkeit

Schreibe einen Brief an dich selbst, der von dem »Du« am Ende deines Lebens an das »Du« von heute verfasst ist. Stelle dir vor, was dein Selbst am Lebensende darüber, wie du dein Leben heute lebst, zu sagen hätte. Lebst du es voll und ganz? Lebst du frei und mutig? Lasse das Selbst an deinem Lebensende, das, was es in bezug auf die Fülle deines Lebens sieht und fühlt, liebevoll mit dir teilen. Frage dich beim Überdenken dessen, was du geschrieben hast, was du in deinem Leben verändern musst, um dein Leben »voll und ganz« zu leben. Notiere die Antworten in deinem Tagebuch.

Die Wüste verlassen

Jetzt verlässt du die Wüste, zumindest fürs erste. Es ist an der Zeit, die Dinge, die dir während deines Aufenthalts in der Wüste klar geworden sind, festzuhalten. Was hast du über dich gelernt? Haben sich deine Gefühle über die Wüste und deine Seele geändert? Was würdest du noch zur Seelenlandschaft der Wüste sagen, was bisher unerwähnt blieb?

Bringe dich mit deinen Gefühlen in diese Erfahrung ein. Zu welchen neuen Verhaltensweisen oder Gewohnheiten verpflichtest du dich? Welche alten Verhaltensmuster gibst du auf? Wie würde der vollständige Ausdruck deiner Wüstenseele aussehen, wenn du ihn leben würdest?

Was zieht dich am stärksten in die Wüste? Gibt es dort einen Ort, der sich immer noch beängstigend oder abschreckend anfühlt? Und wenn ja, warum? Gibt es einen Ort, zu dem es dich hinzieht, um ihn noch eingehender zu erkunden?

Korrigiere dich nicht, sondern erlaube es dir einfach, über diese lebensnotwendige Beziehung nachzudenken.

Du wirst noch oft im Leben in die Wüste zurückkehren. Wenn du dir jetzt die Zeit nimmst, über diese Reise nachzusinnen, wirst du mit der Zeit dein inneres Wachstum beobachten können.

Teil 2

Wälder

Ich werde in der Sprache des Waldes
zu dir sprechen,
antworte mit den Wurzeln der Träume.

Der geradeste Weg ins Universum führt durch die Wildnis eines Waldes.

John Muir

Wälder bedecken dreißig Prozent des Festlands der Erde. Die Regenwälder des Amazonas, Heimat des artenreichsten Ökosystems außerhalb der Meere, werden als Lunge unseres Planeten bezeichnet. Es gibt Wälder unterschiedlichster Art: die hohen Mammutbaumwälder Kaliforniens, die Laubwälder von Vermont, die im Herbst ein berauschendes Farbenspiel veranstalten, die düsteren borealen Nadelwälder, Heimat von Wölfen, Bären und Tigern.

Es war der Wald, in dem unsere Vorfahren Wurzeln schlugen und die menschliche Evolution erst so richtig begann. Unsere Hände waren längst mit Rinde und Ästen vertraut, als wir zum ersten Mal Pfeil und Bogen in die Hand nahmen. In den Wäldern entwickelte sich unser Gehirn; durch unsere Geschicklichkeit und räumliche Wahrnehmung schafften wir es, in den Bäumen herumzuklettern, was uns später befähigte, unsere Vorstellungskraft zu entwickeln. Wenn wir vom »Mutterbaum« sprechen, drücken wir damit eine grundlegende Wahrheit aus: Es waren die Bäume, die uns haben wachsen lassen.

Wälder sind in unserer Vorstellungswelt und unserer Seele tief verwurzelt – die heiligen Haine, die die ersten Ritualplätze waren; der Bodhi-Baum, unter dem Buddha Erleuchtung fand; der herrliche Zedernwald in der Geschichte von Gilgamesch; der Baum des Lebens, weltweit das Symbol für die Verbindung zwischen Himmel und Erde. Wälder kommen in vielen Mythen und Märchen vor – dunkle Wälder, in denen Hexen und Unholde lauern, wo aber auch die Magie der weisen Alten wohnt oder wo uns Rotkäppchen begegnet, das durch den Wald gehen muss und dabei wache Sinne fürs Überleben braucht.

Wir tragen den Wald in unserem Geist und in unseren Erinnerungen, in unserem Licht und Schatten – den Baum, der uns in den Stürmen der Kindheit gewiegt hat; unsere Liebe für alles Grüne; unsere Sehnsucht nach Geheimnis, Magie und Weisheit.

Für manche ist der Wald eine tröstliche Landschaft. Eine meiner Klientinnen – sie ist schon Großmutter – lernt gerade, ihre Weisheit mit anderen zu teilen, nachdem sie viele Jahre lang von ihrer mit Strafen drohenden Kirche zum Schweigen gebracht worden war. Sie träumt immer wieder, sie würde im Wald leben. »Im Traum umarmen die Bäume mich und geben mir das Gefühl, im Mutterleib gewiegt zu werden«, erzählte sie mir. Doch für andere ist der Wald ein furchteinflößender Ort, in dem wir uns, weit weg von zu Hause, verirren. Baumstämme und Äste versperren den Blick. Baumwurzeln überwuchern den Pfad. Zwischen Kronendach und Laubdecke sind wir vom Weg abgekommen. Wie Dante in den berühmten ersten Zeilen der »Göttlichen Komödie« schreibt:

Es war in unseres Lebensweges Mitte,
Als ich mich fand in einem dunklen Walde;
Denn abgeirrt war ich vom rechten Wege.[1]
(Die Göttliche Komödie, Ausgabe von Artemis und Winkler)

Jedes Ereignis, das uns vom schmalen geraden Weg, dem vertrauten Pfad, abbringt, kann uns in den Wald führen. Wie eine Frau mir sagte, nachdem sie gerade ihre Stelle verloren hatte: »Es sind die Korridore, die Zwischenaufenthalte im Leben, die mir Angst machen.« Es mag sein, dass du dich in der Seelenlandschaft des Waldes wiederfindest, wenn eine Tür hinter dir zufällt und sich die nächste erst noch öffnen muss. Dieses Nichtwissen, das Gefühl, dass etwas in den Schatten lauert, kann beängstigend sein. Im Wald spürt man vieles, ohne es immer sehen zu können.

Doch Wälder laden uns auch ein, die »wilde Luft, die weltumspannende mütterliche Luft« einzuatmen, wie der Dichter Gerard

Manley Hopkins[2] sagt. Wälder lassen die Erde atmen, und ebenso können sie uns in-spirieren, uns atmen lassen (*spiro* ist lateinisch und heißt *atmen)*.

Im Wald steigt unser schöpferisches Potential empor wie der Saft in den Pflanzen: Wir sind Entdecker und wissen nie, was auf uns wartet. In den Regenwäldern herrschen ein Reichtum und eine Mannigfaltigkeit an Leben, die der unglaublichen Tiefe und Weite unserer eigenen Seele entsprechen. Da Zukunft und Vergangenheit uns verborgen bleiben, stehen wir im Hier und Jetzt, das von Möglichkeiten pulsiert. Wir lernen, die Fragen zu leben, anstatt Antworten nachzujagen.

»Erst wenn wir uns verirrt haben, lernen wir uns selbst richtig kennen«, hat Thoreau gesagt.[3] Wenn wir den Wald zu unserem Zuhause machen, nehmen wir Unübersichtlichkeit und Unsicherheit an. Wir lernen, aus unseren Sinnen und dem Instinkt heraus zu leben. Wir verlassen die beschilderten Straßen und betreten eine Welt, in der das natürliche Maß regiert – mit gewundenen Trampelpfaden, verdrehten Wurzeln und verzweigten Ästen. Wir sind uns nicht mehr so sicher. Doch dafür sind wir lebendiger. Wir erwachen zu etwas Tieferem.

Stelle dir vor, du stehst am Rand eines riesigen Waldes. Noch hat dich der Sog des modernen Lebens mit seinen Smartphones, dem Verkehrslärm und Dröhnen der Flugzeuge und der unablässigen Notwendigkeit, Geld zu verdienen, Rechnungen zu bezahlen und Karriere zu machen, fest im Griff. Doch vor dir liegt unerforschtes Land – wild, frei und unvorstellbar groß. Das ist das Land deiner Waldseele. Und es wartet nur darauf, von dir erkundet zu werden.

Kapitel 7

Geheimnis

Du betrittst den Wald an seiner dunkelsten Stelle, wo es keinen Weg gibt.

Joseph Campbell

Ich fragte einmal einen Mann mit sanfter Ausstrahlung, Ende zwanzig, der den Sommer damit verbracht hatte, Stadtkindern die Wälder von Oregon zu zeigen: »Hat es ihnen gefallen, draußen in der Natur?«

»Nein«, sagte er. »Sie hatten schreckliche Angst.«

Wie er mir erzählte, empfanden die Kinder, von denen viele in Wohngegenden leben, die an Kriegsgebiete erinnern, den Wald als viel bedrohlicher als von Kugeln zerlöcherte Häuserwände. »Ein Junge«, erzählte er, »schrie vor Angst auf, wenn er von einem Ast gestreift wurde. Er flippte völlig aus.«

Es war schon nach zehn Uhr abends, als ich unter den Mammutbäumen zu meiner Hütte im Retreatzentrum in den Bergen hoch über Santa Cruz zurückkehrte. Ich hatte ein Schreibseminar mit dem Titel »The Root Voice« (Die Stimme der Wurzel) geleitet und freute mich auf mein Bett. Doch die Sterne funkelten, die Nacht war lau und – da die anderen schon schlafen gegangen waren – sehr still.

Also ließ ich meine Hütte links liegen und ging tiefer in den Wald hinein.

Über meinem Kopf rauschte der Wind in den Baumwipfeln wie das Meer. Unter meinen Füßen war die Erde so schwarz wie der Himmel, so dass die Bäume gleichzeitig aus dem Himmel und aus dem Boden zu wachsen schienen. Pechschwarze Dunkelheit hüllte mich und die feuchte Erde ein, der Geruch eine Mischung aus herben Kiefern und Moder. Ich hörte das Aneinanderreiben von Ästen und das feine Knacken trockener Kiefernnadeln; ich sah eingebildete Augen wie Sterne im Wald aufblitzen. Eine Eule schrie; ihr spitzer Schnabel und ihre Krallen durchschnitten die Nacht. Alles Weiche in mir erzitterte.

Ich hätte auf der Stelle zurück in meine sichere Hütte gehen können, doch wie ein Kind, das in den Bann eines Schauermärchens geraten ist, zog es mich in die verzauberte Welt des finsteren Waldes. Ich war wieder fünf Jahre alt und lauschte meinem Vater, der Geschichten von Hexen, dunklen Wäldern und verfallenen Burgen spann. Damals hatte ich mir in Grimms Märchen immer die unheimlichsten Stellen ausgesucht, hatte nachts im Schein der Taschenlampe gelesen und Gespenster, Kobolde und Riesen eingeladen, mich in meine Träume zu begleiten. Und in dieser Nacht suchte ich wieder die unheimlichen Orte auf, während der mondlose Wald mich umschloss.

Der Wald ist die dunkelste aller Landschaften. Die Bäume stellen sich uns in den Weg. Dichtes Laub versperrt den orientierenden Blick auf die Sonne. Da wir uns nicht mehr nur auf unsere Augen verlassen können, werden unsere anderen Sinne geschärft. Mit gesträubten Nackenhaaren und wachen Instinkten verlassen wir das klar umrissene Leben und begeben uns an unerforschte Orte. Wenn wir den Wald ohne Landkarte oder Pfad betreten, bahnen wir uns einen Weg durch den Wald, der ganz allein unser Weg ist.

Als ich noch klein war, spielte ich oft im Holland Park in London. Das war zwar nicht unbedingt ein unberührter Wald, aber er hatte genügend dicht belaubte Kastanienbäume und düstere Winkel, die ich aufregend fand. Die Dunkelheit birgt Gefahren. Doch sie bietet auch Magie und Wunder. Sie bringt uns dem letzten Geheimnis aller Dinge näher. Wenn wir in die Dunkelheit eintauchen, wächst unsere Vorstellungskraft. Dann beschwören wir mit Ton, Pinsel und Zeichenstift das Licht.

Wenn du es je gewagt hast, dich der Tiefe deiner schöpferischen Kraft zu stellen, dann kennst du die Macht der Dunkelheit – dann weißt du, dass die Welt ein geheimnisvoller und ein lebendiger Ort ist. Im Wald erhaschst du einen Blick auf Gefieder in den Zweigen, siehst einen Pfotenabdruck in der Erde, und du bist gesegnet. Aber du wirst auch verfolgt. Irgendetwas da draußen sucht nach dir. Und es wird sich erst zeigen, wenn es an der Zeit ist.

Wenn du in den Wald eintauchst, bist du ebenso Jäger wie Gejagte. Gedichtzeilen verfolgen dich; Ideen und Bilder schleichen sich an. Unter den schattigen Stämmen der Bäume entfalten sich Visionen. Ein umgefallener Baumstamm wird zum Bären; die Tarnfarben einer Schlange lässt sie mit dem Dickicht eins werden; da ist ein Kolibri … und schon wieder weg.

Hast du ihn gesehen? War er wirklich da?

Die Weisheit, nach der du hier suchst, lässt sich zwar erfahren, doch niemals festhalten. Wild, alt, ursprünglich huscht sie durch die Schatten. Die Anwesenheit eines solchen Geheimnisses und solcher Unermesslichkeit ist überwältigend. Vielleicht musst du gegen den Drang angehen, die Spannung zu durchbrechen, indem du wegläufst. Doch wenn du ausharrst – wenigstens für eine Weile –, dann geschieht etwas. In dieser unsicheren Welt gedeiht Kreativität.

Wir mögen zwar nach geraden Wegen und direkten Zugängen suchen, doch was uns formt, ist ein Universum, das kreisförmig und zugleich verborgen ist. Wie uns die Physiker sagen, machen Schwarze Materie und Dunkle Energie fünfundneunzig Prozent des Universums aus. Trotz all unserer Technologien und Instrumente haben wir bisher noch nicht einmal fünf Prozent des Kosmos erforscht.

Was Wissenschaftler gemessen haben, spüren wir in unserer Seele. Wenn wir in den Wald gehen, wissen wir, dass wir von Dunkelheit umgeben und in ein Geheimnis eingeboren sind.

Das Licht des modernen Bewusstseins strahlt zwar hell, doch weder sollte die Erde jemals ohne Bäume sein noch unsere Seele ganz dem Licht der Vernunft ausgesetzt. Es ist uns bestimmt, uns in unserem Wesen etwas Unerforschliches zu bewahren. Wie entwaldetes Gebiet mit der Zeit trockener und weniger fruchtbar wird, so werden wir durch die Betonung des rationalen Denkens und der industriellen Fertigung in unseren Möglichkeiten begrenzt – das geht auf Kosten unserer Visionen und Geistesgaben.

Stadtkinder haben zwar begriffen, was es bedeutet, sich den Ängsten des Tages, den Schattenseiten des Stadtlebens zu stellen. Doch der Ast, der einen berührt wie eine kalte Hand, der überwucherte Pfad, die Seele des Landes – das ist etwas ganz anderes. Wir haben die Fähigkeit verloren, über die vorgezeichneten Landkarten, die man uns gegeben hat, hinauszublicken. Wir haben die Macht unserer eigenen Wildheit vergessen.

Geheimnisse sind wild. Alle Wälder haben eine gefährliche Seite. Das, was einem begegnet, kann bedrohlich oder gar tödlich sein. Ein wildes Tier kann dich töten. Du kannst dich verirren. Doch wenn du dem Leben seine Geheimnisse nimmst, beraubst du dich damit auch deiner Fähigkeit zu staunen. Wenn du Gefahren ausweichst, gehst du am Zauber vorbei.

Als ich in jener Nacht auf den Bergen über Santa Cruz durch den Mammutbaumwald ging, wusste ich, dass in der Nähe Berglöwen umherstreiften. Die Mitarbeiter des Retreatzentrums hatten mich gewarnt, dass es gefährlich sei, nach Einbruch der Dunkelheit alleine durch den Wald zu wandern. Ich spähte ins Dämmerlicht des Waldes, nahm Schatten wahr, die im Dickicht umherschlichen, und spürte, wie sich meine Nackenhaare sträubten. Als sich etwas in den Bäumen bewegte, schrie ich auf.

Was zum Vorschein kam, war jedoch kein Puma, sondern ein kleiner leuchtend weißer Nachtfalter, der auf zarten, aber kräftigen Flügeln auf mich zugeflogen kam.

So flattert unsere Phantasie in uns umher – immer überraschend, immer zum Staunen. Und wir suchen in der Dunkelheit nach ihr.

Die Erkundung des Geheimnisvollen

Freunde dich mit dem Geheimnisvollen an. Erkunde im Mondschein einen Pfad oder sitze nachts ohne Licht im Garten oder hinter dem Haus.

Gib deinen Augen Zeit, sich an die Dunkelheit zu gewöhnen. Spüre, wie deine anderen Sinne allmählich erwachen. Bekommst du eine Gänsehaut? Merkst du, wie du mit einem Mal Geräusche wahrnimmst? Wie verändert und erweitert sich dein Bewusstsein?

Verbringe so viel Zeit in der Dunkelheit, wie es dir angenehm ist, und dann noch ein wenig länger.

Nimm dann dein Tagebuch und schreibe beim Licht einer Taschenlampe oder Kerze eine Viertelstunde lang alles auf, wobei du mit den folgenden Worten beginnst:

»Was mich, meinem Gefühl nach, jetzt zu finden versucht, ist…«

Lasse deine Gedanken durch den Stift aufs Papier fließen, ganz gleich, wie verrückt oder unzusammenhängend sie dir auch erscheinen mögen.

Anmerkung: Passe diese Übung bitte an die Sicherheitslage deiner Wohngegend an, damit dir nichts passiert. Auch eine Nachtwanderung mit Freunden und Verwandten kann eine gute Erfahrung sein, die euch einander näherbringt. Vergiss dabei nicht, alle mit in die Übung einzubeziehen und schweigend zu wandern.

Kapitel 8

Weisheit

Heute bin ich gewachsen,
weil ich mit den Bäumen ging.

Karle Wilson Baker

»Der Baum ist Gott«, sagte sie zu ihrer Tochter. »Du darfst ihn nicht fällen.«

Jeden Tag kam das Mädchen auf dem Weg zur Wasserquelle am Gottesbaum vorbei. Die Tochter lernte, den Baum zu verehren. Sie fand heraus, dass er half, den Fluss sauberzuhalten – den Fluss, der Perlen aus Kaulquappeneiern und das lebensspendende Wasser enthielt, das sie nach Hause trug. Dann kamen die weißen Männer und fällten alle Bäume und errichteten an der Stelle eine Kirche. Der Gottesbaum war weg. Und so trocknete der Fluss aus, und die Frösche starben, und das Land wurde unfruchtbar.

Das kleine Mädchen der Geschichte war Wangari Maathai, die Nobelpreisträgerin und Gründerin der Organisation *Greenbelt Movement* in Kenia. Mittlerweile hat ihre Organisation die Pflanzung von über vierzig Millionen Bäumen in Kenia und anderen Ländern gefördert. Wie der uralte Gottesbaum, den sie als Kind verehrte, wurde auch sie eine echte Älteste – eine, die dafür lebte, der Gemeinschaft zu dienen.

Wangari Maathai starb zwar 2011, doch ihr Vermächtnis lebt weiter. Das ist es, was die Ältesten tun: Sie dienen den Jungen und Schwachen. Das tun alte Bäume ebenso wie alte Menschen.

Und beide werden gefällt.

Alte Baumreste erregen jedes Mal meine Aufmerksamkeit. Dann stelle ich mir vor, ich wäre winzig – nur etwa acht Zentimeter groß – und würde zu ihnen aufblicken. Der Stamm ist eine Felswand, die splittert und zerbröselt, von Moos und gefiederten Blättern übersät. Ich bin in einer verzauberten Welt. Die morschen Baumreste haben Höhlen, und staunend beobachte ich, wie Pilze, Käfer, Fledermäuse und Vögel in diesem Reich Zuflucht finden. Manche dieser Baumreste waren einst über hundert Meter hohe Mammutbäume: die turmhohen Könige der Küstenwälder. Nun bieten sie nahe dem Erdboden neuem Leben Raum.

Im Hochwald zu wandern, wenn das Sonnenlicht in strahlenden hohen Säulen durch Zweige und Blätter fällt, hat etwas sehr Erhabenes; wie wir hin und wieder unwillkürlich emporblicken, angezogen von den Baumkronen, die sich wie Schiffsmasten wiegen. Doch oft sind es die umgestürzten Bäume, die zersplitterten und verrottenden, die ein tieferes Gefühl dafür vermitteln, was es heißt, ein wahrer Ältester zu werden – sich zu öffnen und ich-los zu werden.

Findet dieses Hohlwerden unsichtbar und abgeschieden statt? Und wie können wir mit offenem Herzen altern, wenn wir immer wieder angehalten werden, jugendlich zu bleiben? Wie können wir in einer Gesellschaft, die das Oberflächliche schätzt, dem Beachtung schenken, was sich in unserer Tiefe offenbart?

Ich sitze auf dem Hügel oberhalb meines Hauses neben einem alten Baum. Sein Körper löst sich allmählich auf und wird zu fruchtbarem Boden für neue Kräuter und Bäume. Es ist, als wolle der Baum dem Wohl der Erde dienen. Ich stelle mir gerne vor, dass meine immer stärker von Arthrose geplagten Hüftgelenke und mein alterndes Fleisch nicht das Ende sind, sondern vielmehr das Tor zu einer reicheren und weiseren Zeit meines Lebens.

Die Jugend ist ja eine ich-betonte Zeit – eine Zeit, in der ein Gefühl für das eigene Selbst aufgebaut wird. Doch Altersweisheit ist etwas ganz anderes. Sollten wir, anstatt uns so viele Gedanken über das Jungbleiben zu machen, nicht lieber lernen, wie man alt wird? Es gibt nichts Schöneres als einen uralten Baum mit niedrighängenden Ästen, die sich wie Arme ausbreiten und uns umarmen. Wir brauchen solche Arme, die uns in diesen stürmischen Zeiten festhalten.

Für mich war in der menschlichen Welt dieser sichere Ort mein Großvater. Ich erinnere mich noch gut daran, wie sehr seine Zaubertricks mich begeistert haben, doch am wichtigsten war, dass er mich ernstnahm. Als ich ungefähr acht und mein Bruder David elf war, öffnete er an Weihnachten eine Flasche Krimwein und goss jedem von uns einen Fingerhut voll ein. Manche der Erwachsenen, die am festlich gedeckten Tisch saßen, fanden, dass dieser kostbare Portwein nicht an uns verschwendet werden sollte, doch mein Großvater war der Meinung, dass wir einmal etwas so Rares und Köstliches probieren sollten.

Wenn ein Ältester ein Kind ernstnimmt, dann ist das etwas Besonderes und Wunderbares. Wir fühlen uns auf eine Weise, die uns weder Gleichaltrige noch unsere Eltern vermitteln können, gesehen und wahrgenommen. Es besteht eine lange, lebensspendende Nabelschnur zwischen den ganz Alten und den ganz Jungen, die ein wichtiger Teil jeder gesunden Familie ist.

In den alten Wäldern versorgen die Großmutterbäume, deren Wurzeln sich weit im Waldboden ausbreiten, die jüngeren wachsenden Bäume durch ein verflochtenes unterirdisches Netzwerk mit Nährstoffen. Alte Douglastannen lassen Lungenflechten auf den Boden fallen, die Nitrate in Stickstoff umwandeln, von dem sich die jungen Keimlinge ernähren. Wenn wir den uralten Baumbestand nicht schützen und alte Bäume – außer ihrer Verwertbarkeit als

Holz – als nutzlos erachten, beeinträchtigen wir die gesamte Waldgemeinschaft.

Immer wieder zeigt uns die Natur, dass der uralten Weisheit Werte innewohnen, die weit über das Neue hinausgehen.

Jerry Mander schreibt in seinem Buch *In the Absence of the Sacred*, dass die Manager eines Naturschutzgebiets die Inuit in der kanadischen Arktis anwiesen, den Abschuss zu reduzieren und nur noch wenige, dafür aber die älteren männlichen Karibus aus jeder Herde zu schießen. Die Inuit widersprachen und sagten, damit würde man verkennen, wie wichtig die älteren Tiere für das Überleben der Karibus sind. Leider behielten sie recht: Die Karibuherden wurden dramatisch kleiner, als das Gesetz in Kraft getreten war. Wie sich herausstellte, hatten die älteren Tiere nicht nur die notwendige Erfahrung, sondern sie waren auch wichtig für das emotionale Gleichgewicht der Herde. Wenn sie da waren, waren die trächtigen Weibchen und scheuen Jungtiere – die verwundbarsten Mitglieder der Herde – ruhiger und entspannter.[1]

Jugendlicher Erfindergeist stellt Drohnen und Klone her, verändert Getreide genetisch, entwickelt neue Methoden zur Informationsspeicherung und führt Experimente auf dem Mars durch. Er ist voller Einfallsreichtum und neuer Ideen. Die Weisheit der Alten hingegen hat eine ganz andere Sicht auf die Dinge. Sie lässt sich nicht vom Neuen und Machbaren verführen. Stattdessen verschreibt sie sich zeitlosen Wahrheiten, die dem Wohl der gesamten Erdgemeinschaft dienen – und vor allem jenen, die am stärksten bedroht sind.

Meine Klientin Katie ist ein gutes Beispiel. Sie kam zu mir, weil sie mit Mitte Achtzig endlich die Kräfte ihrer inneren Wildheit anzapfen wollte. Wie sie mir sagte, wollte sie das werden, was Clarissa Pinkola Estés eine »gefährliche Alte« nennt.

»Was bedeutet das für dich?« frage ich sie.

Sie sieht mich mit strahlend blauen Augen an. »Es bedeutet mir dasselbe, was es auch Clarissa bedeutet, nämlich, ›Beschützerin auch noch des kleinsten Lebensfunkens‹ zu sein‹.«

Wie Wangari Maathai, wie das alternde Karibu, wie mein Großvater oder der Großmutterbaum möchte auch Katie ihr Wissen auf liebevolle und umfassende Weise weitergeben – nicht zum eigenen Vorteil, sondern zum Wohl aller Lebewesen. Wir müssen die Weisheit unserer Alten annehmen, um eine fürsorgliche Gesellschaft zu werden, um in der Tiefe des Mitgefühls Wurzeln zu schlagen.

Immer wenn ich ein Foto von mir in den Wäldern der Halbinsel Quetrihué in Argentinien betrachte, erinnert mich das an Katie und alle echten alten Weisen. Ich bin von hohen Arrayán-Bäumen umgeben, von denen viele über dreihundert Jahre alt sind, und wende den Blick ehrfürchtig nach oben. Ich erinnere mich noch an die Regentropfen, den sanften Glanz der zimtfarbenen Rinde, die langen, gedrehten Baumstämme und das Gefühl, dass ich jederzeit in die hohen Äste emporgehoben werden könnte, so als würde ich in den Himmel aufsteigen. Unter diesen steinalten und fast ausgestorbenen Wesen bin ich von Weisheit umgeben.

Es gibt kein anderes Wort dafür.

Die Erkundung der Weisheit

Kannst du dich an einen Großmutter- oder Großvaterbaum aus deiner Kindheit erinnern? Gibt es einen bestimmten Baum, der in deiner Erinnerung besonders herausragt – in dessen Armen du dich sicher und geborgen gefühlt hast?

Wenn dir kein Großelternbaum aus Kindertagen einfällt, dann suche dir in einem Park oder einer Gegend, die die Energie der alten Weisen verströmt, einen solchen Baum. Oder suche zur Not in einer Zeitschrift nach einem Bild von einem alten weisen Baum.

Wenn du soweit bist, dann beschreibe den von dir ausgewählten Baum in allen Einzelheiten: Gewebe, Geruch, besondere Merkmale, Höhe, Form und Ausstrahlung. Achte bei der Beschreibung darauf, wie der Baum auf dich wirkt und wie du dich in seiner Gegenwart fühlst (oder gefühlt hast).

Was zieht dich zu diesem bestimmten Baum hin? Welche Energie strömt von ihm aus? Nimm dir, wenn du damit fertig bist, einen Augenblick Zeit, um folgende Frage zu beantworten:

»Auf welche Weise vermittelt mir dieser Baum, wie ich in mein Ältestendasein hineinwachsen kann?«

Notiere die Antwort in deinem Tagebuch.

Kapitel 9

Einzigartigkeit

Denn alles, was lebt, ist heilig.

William Blake

Im Regenwald des Amazonas verdankt der mächtige Paranussbaum der kleinen Agutiratte sein Leben, denn ihre Zähne sind das einzige, was scharf genug ist, um seine harten Nüsse aufzubrechen und es dem Baum so zu ermöglichen, sich fortzupflanzen. Ohne dieses kleine Wesen könnte der größte aller Bäume in diesem hohen Wald – der eine, der alle anderen überragt – nicht überleben.

Der Wald lehrt uns, dass wir das Netz des Lebens zum Blühen bringen können, wenn wir ganz wir selber sind, ganz gleich, wie klein und unwichtig wir auch scheinen mögen.

Du gehst in den Wald, und alles wird still.

Jeden Morgen, wenn ich oberhalb meines Hauses in den Mischwald aus Eichen, Berglorbeer und Erdbeerbäumen den Berg hinaufsteige, ist es, als wäre ich eine gestrenge Mutter, die in eine Party von Jugendlichen hineinplatzt. Meine Gegenwart lässt den Wald verstummen. Die Rehe springen fort, die Vögel hören auf, sich im Unterholz zu balgen, ein Kojote trabt davon. Eine Peitschennatter ringelt in einem letzten Akt des Widerstands die auf mich gerichtete

Schwanzspitze, wobei sie wie eine perfekte Korallenmuschel aussieht, dann verschwindet sie im Gras.

Ich fühle mich unglaublich gesegnet von dieser täglichen Erinnerung daran, wie viel Leben es im Wald gibt. Unter den verschiedensten Landschaften der Erde sind es die Wälder, die uns daran gemahnen, dass gesunde Ökosysteme eine unermessliche Vielzahl von Lebensformen beherbergen. In den Regenwäldern, einem Hort der Mannigfaltigkeit, lebt mehr als die Hälfte aller Arten der Erde.

Für ein gutes und erfülltes Leben ist es unabdingbar zu wissen, wer wir sind und was wir persönlich zu bieten haben. Doch in einer Welt, die eher unsere Angepasstheit fordert als unsere Begabungen zu fördern, müssen wir immer wieder darum kämpfen, wir selber zu sein. Im Gegensatz zu den kleinen Agutiratten mit ihren außerordentlich spitzen Zähnchen, vernachlässigen wir oft die Entfaltung unserer einzigartigen angeborenen Begabungen, und die ganze Welt leidet unter dieser Missachtung unserer selbst. Wir verbiegen uns, um uns an die Welt, wie wir sie sehen (oder wie wir sie sehen sollen) anzupassen – in der Hoffnung, akzeptiert zu sein und dem Leben einen Sinn zu geben.

Doch die Natur will, dass wir mannigfaltig sind. In den alten Urwäldern, die sich ungestört entwickeln konnten, gedeiht die Vielfalt. Im Dschungel von Südostasien gibt es eine Schlange, die im Gleitflug fast einhundert Meter zurücklegen kann. Nun wissen wir zwar, dass Schlangen nicht fliegen können, doch anscheinend hat das der Schmuckbaumnatter niemand gesagt, und so hat sie die Kunst vervollkommnet, ihren langen grünen Körper wie eine Luftschlange von einem hohen Ast abzustoßen und mit erhobenem Schwanz und flachem Körper auf den Luftströmen zu reiten.

Die Mammutbäume, die in der Nähe meines Hauses aufragen, tun durch ihre fraktale Schönheit kund, dass sie einzigartig und zugleich Teil des Webmusters der Schöpfung sind – wie wir Menschen auch. Für unsere wahre Natur offen zu sein – für die wir aus der Erde hervorgegangen sind – ist letztlich eine Frage des Vertrauens.

Denn die Natur hat eine Absicht. Die Erde braucht deine Gaben.

Das wurde mir in einem Traum klar, den ich hatte, als ich auf dem Waldboden von Cortes Island übernachtete, weit im Norden, in British Columbia, während das leise Summen der Insekten, das Rascheln der Blätter und der modrige Geruch feuchter Erde mich in den Schlaf wiegten.

Ich bin in einem großen weißen Zelt mit vielen kleinen Jungen, die Wolljacken, Stoffmützen und feste Stiefel anhaben. Sie gehen nacheinander in die Mitte des Zeltes, um dort auf Mandalas zu tanzen. Jeder Junge tritt mit den Stiefeln ein Bild nach Art der Aborigines in die Erde und schafft so in dem heiligen Bezirk ein einzigartiges verschlungenes Muster.

Nun beginnt noch ein Junge zu tanzen. Ich schaue auf die Uhr und sage: »Dafür haben wir keine Zeit.« In diesem Augenblick erblicke ich die Ältesten der Indianer. Sie stehen rund um das Zelt; ihr langes weißes Haar reicht fast bis zum Boden, und sie legen aus Freude über die tanzenden Jungen den Kopf in den Nacken.

Ein gelber Hund mit einem senkrechten roten Streifen im Gesicht taucht auf. Er starrt mich mit glühenden Augen an. In diesem Augenblick weiß ich: Es gibt nichts Wichtigeres, als unseren einzigartigen Tanz zu tanzen.

Später las ich bei C. G. Jung über das Mandala, das er in allen Kulturen auf der ganzen Welt gefunden hat; und dass das Mandala überall für die Verbundenheit zwischen dem Ganzen und dem Teil steht: die Einheit des Lebens und die unzähligen Weisen, auf die sie zum Ausdruck gebracht wird. In diesem Sinne regt Eve Ensler an, darüber nachzudenken, was geschehen könnte, wenn wir »…Freiheit, Lebendigkeit und Stärke nicht in dem finden, was uns beherrscht, bestimmt oder beschützt, sondern in dem, was uns auflöst, offenlegt und erweitert.«[1] Kann es sein, dass wir unseren Platz in der Welt erst dann finden, wenn wir dem Menschen, der wir wirklich sind, huldigen und ihn annehmen?

Die Entwicklung der Seele beruht auf unserer Einmaligkeit, und die Evolution der Erde auf ihrer Mannigfaltigkeit. Wir sind nicht dafür geschaffen, alle dasselbe Leben zu führen. Wenn wir den Veranlagungen unserer Seele folgen, werden wir sein wie die kleine Schnappkieferameise im Dschungel, deren Biss stärker ist als der eines Hais. Keiner hat der Ameise gesagt, klein zu sein hieße, machtlos zu sein. Und wir wissen erst, wozu wir in der Lage sind, wenn wir uns von den Erwartungen anderer freimachen.

Als sich im Jahr 1955 in Alabama eine Frau weigerte, im Bus hinten zu sitzen (wie es für die Schwarzen damals noch vorgeschrieben war), denn sie empfand dies als Demütigung, konnte sie nicht ahnen, dass dies zu einem der machtvollsten Akte zivilen Ungehorsams in der jüngeren Geschichte werden würde. Das Wort »einzigartig« hängt mit »eins« zusammen. Doch es bedeutet auch etwas Seltenes und Bemerkenswertes, etwas ganz Außergewöhnliches.

Neulich sah ich bei einem Waldspaziergang mit einer Freundin ein ganz kleines Lebewesen: Ein Frosch – nur halb so groß wie mein Daumen – steckte den Kopf aus einem Laubhaufen. Wir knieten uns hin, um ihn näher zu betrachten, wobei wir wie im Gebet die Köpfe senkten.

Wir sehen dieses erstaunliche Geschöpf wohl nie wieder.

Die Erkundung der Einzigartigkeit

Keine zwei Bäume sind völlig gleich. Sieh dir an, wie jeder auf seine Art wächst und seine Blätter entfaltet. Betrachte beim Gang durch deine Nachbarschaft oder einen Wald oder Park, wie einzigartig und anders jeder Baum ist. Wenn du dich zu einem bestimmten Baum hingezogen fühlst, dann zeichne seine Gestalt in dein Tagebuch. Mache dir nichts draus, wenn du nicht gut zeichnen kannst. Wenn du den Baum abmalst, wirst du ihn deutlicher wahrnehmen. Und wenn du mit der Zeichnung fertig bist, dann nimm dir einen Augenblick Zeit zu überlegen:

Inwiefern ist dieser Baum einzigartig?

Was an diesem Baum hat mich zu ihm statt zu einem anderen Baum hingezogen?

Welche Gestalt nimmt meine Seele an, wenn ich meine Einzigartigkeit feiere und zum Ausdruck bringe?

Kapitel 10

Schatten

Was wir den Wäldern dieser Welt antun, ist nur ein Spiegelbild dessen, was wir uns und anderen antun.

Mahatma Gandhi

Ist es das, was Bäume fühlen, wenn sie gefällt werden?

Als ich mich für dieses Buch mit der Entwaldung befasste, wurde ich krank. Eines Nachts bekam ich vierzig Grad Fieber und wurde in meinem Badezimmer ohnmächtig. Als ich das Bewusstsein wiedererlangte, lag ich mit dem Gesicht nach unten auf dem Boden. Ich hatte mir die Nase an der Kante der Duschkabinentür aufgeschlagen und spürte das klebrige Blut.

Während ich hilflos und unter Schmerzen auf dem Boden lag, kam mir trotz des Fiebers ein Gedanke: »Ich bin wie ein Baum, der gefällt wurde.« Ich rollte mich auf dem kühlen Boden zusammen, da ich noch nicht wieder aufstehen konnte. Ich weinte um mich und um all die Bäume in den abgeholzten Wäldern.

Nach dem Ohnmachtsanfall fühlte ich mich tagelang zitterig. Meine Nase, die im Spiegel wie ein Kleiderhaken aussah, war gebrochen, doch ich konnte mich nicht dazu aufraffen, zum Arzt zu gehen. Stattdessen versuchte ich, sobald das Fieber weg war, wie geplant mit dem Schreiben und meinen Workshops weiterzumachen. Doch ich fand nicht mehr in den Rhythmus. Ich saß fest. Und je mehr ich das Gefühl hatte, festzustecken, um so krampfhafter versuchte ich, von der Stelle zu kommen.

Eines sonnigen Tages wanderte ich niedergeschlagen, weil ich keine Fortschritte machte, auf dem Waldweg, den ich oft nehme, den Berg hinauf und nahm mein Tagebuch mit. Oben auf dem Berg verspürte ich den Drang, mich in die Arme einer großen, knorrigen und mit Flechten überzogenen Schwarzeiche zu schmiegen, die etwas weiter unten an einem Seitenweg steht. Ich setzte mich rittlings auf einen dicken Ast und drückte den Rücken gegen ihren rissigen Stamm.

Bienen zogen summend vorbei. Der Wind wehte weich und warm, und das gelegentliche Rascheln kleiner Vögel im Laub ließ mich alles andere vergessen. Ich roch den vollen würzigen Duft der Rinde in der Sonne und schaute zu, wie winzige Ameisen die Zweige hinauf und hinab eilten.

Mein Atem wurde ruhiger, und mein Körper entspannte sich. Ich holte mein Tagebuch hervor und fing ein Zwiegespräch mit dem Baum an, das ich, wie so oft, mit einer einfachen Bitte begann:

Mary: *Mutter Baum, wirst du mit mir sprechen?*

Baum: *Ja, mein Kind.*

Mary: *Es tut mir leid, dass ich dich in letzter Zeit nicht mehr so wahrgenommen habe wie zuvor. Offenbar war ich zu sehr mit meinen eigenen Problemen beschäftigt.*

Baum: *Ja, ich habe die Freude vermisst, die du sonst immer ausstrahlst.*

Mary: *Ich bin darob verzweifelt, was die Menschen deinen Brüdern und Schwestern antun. Als ich neulich zusammengebrochen bin, habe ich es in meiner eigenen Seele gespürt.*

Baum: *Es tut weh, nicht wahr? In einem Augenblick verwurzelt und aufrecht zu stehen, und im nächsten hilflos auf den Boden zu stürzen. Ich danke dir für dein Mitgefühl.*

Mary: *Aber warum kann ich das Gefühl nicht loswerden? Warum ist überall so viel Schmerz?*

Baum: *Vielleicht gibt es noch mehr, was du lernen sollst.*

Mary: *Was zum Beispiel?*

In dem Schweigen, das nun entstand, spürte ich ein Vibrieren in der Luft; fast summte sie.

Baum: *Manchmal gehst du mit dir selber – und mit anderen – genauso um, wie jene, die den Wald abholzen, mit den Bäumen umgehen. Du suchst nach Abkürzungen und bist berechnend. Du willst die Antworten* sofort. *Das ist auch so etwas wie Abholzen. Und es ist eine rücksichtslose Art zu leben.*

Meine Hand blieb auf dem Tagebuch liegen. Was sagte mir der Baum da? Doch eigentlich wusste ich es längst. Ich war so gehetzt und bemüht, die nächste Aufgabe zu erledigen, dass ich das dunkle, verschattete Wissen in meinem Inneren unterdrückte – jenen Teil von mir, der mit den natürlichen Rhythmen und Geheimnissen der Erde verbunden ist. Ich wollte unbedingt weiterkommen und konnte mit dem gegenwärtigen Augenblick keinen Frieden schließen, wie unfertig oder ungeformt er auch sein mochte. Ich hatte meinen Glauben verloren – außer daran, meine Angelegenheiten regeln zu können. Ich ging schnurstracks durchs Leben.

Während ich mich an den Baum lehnte, überkam mich eine tiefe Traurigkeit um alle von uns, die so im Stress des modernen Lebens gefangen sind, dass sie die schlichte Schönheit der Gegenwart, den scheinbar unvollkommenen Augenblick, nicht mehr wahrnehmen können. Ich erkannte, dass Kontrolle und Unterdrückung nicht nur etwas waren, was die Welt der Wälder beeinträchtigte, sondern auch die Energie, die mein eigenes Leben antrieb. Wenn ich nur auf ein bestimmtes Ergebnis hinarbeite oder eine Aufgabe erledigen will, bin ich nie glücklich und zufrieden, sondern ständig unter Druck.

Aus dem Schatten trat das Wissen ans Licht, dass diese starke Energie die Wurzel von so viel Zerstörung und Schmerz auf der Welt und in meinem eigenen Leben war. Ich hatte sie sogar gegen mich selbst gerichtet, hatte mich an meine Grenzen getrieben, weil ich nach dem kürzesten Weg suchte und nicht bereit war, auf den gewundenen Weg des Waldes zu vertrauen.

Ich saß lange an diese Eiche angelehnt, ruhte in ihren Armen und dankte ihr für ihren Segen und ihre Weisheit. In mir wuchs das Verlangen, meine Kontrollsucht zu heilen, damit meine Arbeit auf natürliche Weise tief aus meinem Inneren emporwachsen konnte. Danach sehnte ich mich von ganzem Herzen: dass die Wälder gedeihen und ebenso das ungezähmte, dicht bewachsene Land meiner Seele – unserer aller Seele – erblüht.

Ich blickte mich um, sah die Lichtflecken und die Dickichte, die sich mit kleinen Lichtungen abwechselten, verlor mich im schimmernden Tanz von Licht und Schatten. Die Zweige, die den Himmel berührten, und die unterirdischen Wurzeln gemahnten mich an den Gegensatz von Licht und Dunkelheit. Er ist auch in uns.

Eine Woche später ging ich endlich zum Arzt. Er musste meine Nase noch einmal brechen und richten. Sie behielt einen kleinen Höcker zurück, so dass mein Gesicht jetzt auch ein wenig knorrig ist – wie Baumrinde. Jedes Mal, wenn ich in den Spiegel schaue, werde ich daran erinnert, meinen Willen einer tieferen und natürlicheren Kraft zu überlassen. Ich finde, das ist ein fairer Tausch für eine etwas unvollkommene Nase.

Die Erkundung der Schatten

Nähere dich respektvoll einem Baum und frage ihn, ob du für eine Weile neben ihm Platz nehmen darfst. Achte auf deine Stimmung. Bist du ruhig und gelöst? Oder spürst du eine Unruhe in dir? Bist du glücklich oder im Unfrieden?

Beginne dein Zwiegespräch mit dem Baum, indem du ihn fragst: »Was sollte ich über das Gefühl, das ich gerade empfinde, wissen?«

Lasse die Unterhaltung zwischen euch fließen und schreibe deine Fragen und die Antworten des Baumes in dein Tagebuch. Kümmere dich nicht darum, wenn es sich anfangs ein wenig seltsam anfühlt. Wenn das Gespräch stockt, dann bringe es mit Fragen wie diesen wieder in Fluss: »Gibt es noch mehr, was ich sehen und verstehen sollte? Was kannst du mir noch sagen?«

Danke dem Baum für seine Weisheit und achte dann darauf, ob deine Gefühle nun deutlicher sind oder deine Stimmung sich aufgehellt hat. Wenn ja, warum?

Du solltest dir etwas Zeit dafür nehmen, das, was du vom Baum gelernt hast, zusammenzufassen. Welche Einsichten hat das Gespräch dir vermittelt? – Was auch immer du herausfindest, mache dir bewusst, dass wir alle Licht- und Schattenseiten haben. Es geht hier nicht um Richtig oder Falsch. Es geht vielmehr darum, uns die Ganzheit unseres Wesens zu eigen zu machen.

Halte deine Überlegungen in deinem Tagebuch fest.

Kapitel 11

Verwurzelt sein

Sei wie ein Baum. Bleibe in dem Traum verwurzelt,
der dich hierhergeatmet hat.

Lauren de Boer

Es ist Spätsommer, und ich lehne an einem riesigen Mammutbaum in Muir Grove im Sequoia Nationalpark. Manche der Bäume in diesem Wald sind schon über zweitausend Jahre alt, und manche werden weitere tausend Jahre oder noch länger hier stehen. »Der Ort, an dem ein Saatkorn landet, besiegelt sein Schicksal«, schreibt David Suzuki in *Der Baum: Eine Biografie*.[1] Was immer sich einem Baum nähert – seien es Rehe oder Insekten, Krankheiten oder die Kettensäge –, er muss er hinnehmen. Er kann nicht davonlaufen.

Indianer nennen Bäume »stehende Leute«. Bäume teilen mit den Menschen das »lotrechte« Leben, nur bleiben sie von ihrer Geburt bis zum Tod immer an derselben Stelle – außer vielleicht jene außergewöhnliche Gruppe von Bäumen irgendwo auf einer Insel im Pazifik, von denen es heißt, sie würden ihre Wurzeln hochheben und jedes Jahr ein paar Zentimeter weiterwandern. Doch sie sind die Ausnahme. Im allgemeinen weichen Bäume nicht von der Stelle.

An einen Ort gebunden zu sein, macht erfinderisch. Manche Bäume verbiegen sich in unglaublichen Windungen, um durch das sie umgebende dichte Blätterdach hindurchzustoßen und ihren Teil vom Sonnenlicht abzubekommen. Genauso können sich ihre Wurzeln anpassen, indem sie wundersam beweglich werden. Sie graben sich tief in die Erde, breiten sich zu den Seiten aus und gehen Verbindungen mit Mykorrhiza-Pilzen ein, die es ihnen ermöglichen, Feuchtigkeit und Nahrung aus dem weiteren Umfeld aufzunehmen, während sie an ihrem Platz bleiben.

Bäume haben gelernt, trotz Einschränkungen ein reiches Leben zu führen. Sie unterhalten vielfältige Beziehungen zu Vögeln, Insekten und anderen Lebewesen, die ihre Äste aufsuchen oder in ihren hohlen Stämmen ihr Nest bauen. »Ich mag Bäume, weil sie sich mit ihrer Lebensweise eher zufriedengeben als andere Geschöpfe«, schreibt Willa Cather.[2]

In einer Welt rastloser Bewegung geben Bäume uns wieder Ruhe und Gelassenheit. Wenn man in den Wald geht, ist das, als würde man eine Kirche betreten – und umgekehrt. Gotische Kathedralen mit ihren gerippten hohen Deckengewölben erinnern an das Blätterdach und die hohen Baumstämme der heiligen Haine, in denen die Menschen ihre ersten Gottesdienste abhielten. An beiden Orten bleiben wir andächtig stehen.

Muir Grove, zu dem der riesige Mammutbaum gehört, an den ich mich anlehne, gehört zu den atemberaubendsten Sequoiagebieten, die ich kenne. Ich bin mit einer Gruppe, mit der ich ein Retreat über die »Innere Wildnis« abhalte, hierher gewandert. Begleitet vom Flüsterton der Einsiedlerdrossel kamen wir auf einem saftig grünen Waldweg, der an steinigen Felsvorsprüngen und einer Fülle von wagenradgroßen Farnen vorbeiführte, hierher. Plötzlich blieben alle still stehen. Nichts bereitet einen auf den Anblick dieser Riesen vor, die sich mächtig, rot und monumental aus dem Waldboden erheben. Sie lassen dich innehalten. Sie verwurzeln dich.

Stelle dir Baumstämme vor, die so dick sind wie eine Straße breit und die sich nur von einer ganzen Gruppe von Menschen umfassen lassen. Stelle dir Rinde von der Farbe karamellisierter Äpfel vor oder die Höhe eines dreißigstöckigen Gebäudes und Äste, die erst in einer Höhe von über fünfzig Metern aus dem Stamm herauswachsen. Stelle dir Bäume vor, die zweiunddreißig Mal so schwer wie ein Blauwal und dreimal so lang sind. Und dennoch ist diese Beschreibung der Ausmaße eines Mammutbaums so, als würde man über Gandhi sagen, er sei 1,65 Meter groß und dünn gewesen und habe eine Brille getragen. Die Kraft, die von einem solchen Lebewesen ausgeht, lässt sich nicht in Zahlen ausdrücken. Die Ahnenreihe der Sequoias, die zu den ältesten Arten der Erde gehören, reicht einhundertvierundvierzig Millionen Jahre zurück in eine Zeit, in der Dinosaurier durchs Land streiften. Diese uralten Wächter gebieten über deine Gegenwart.

Während sich die Teilnehmer Plätze suchen, an denen sie sich Notizen machen können, denke ich darüber nach, dass ich mein Leben schon immer äußerlich ändern wollte, anstatt von innen heraus. Es fällt mir leichter, etwas Neues anzufangen, als das zu Ende zu bringen, was ich begonnen habe. Ich hatte schon verschiedene Arbeitsstellen, lebe sechstausend Meilen von meinem ursprünglichen Heimatort entfernt und war schon dreimal verheiratet. Ich habe schon in so vielen Wohnungen und Häusern gelebt, dass ich mich kaum noch an alle erinnern kann. Ich kenne fast alle Wanderwege in Marin County – wo ich heute lebe – und noch viele andere vom Himalaya bis zu den Anden, weil ich immer wieder neue Ausblicke und das Überraschende mag. Rastlosigkeit gehört zu meinem Wesen.

Doch manchmal geht es bei dem vielen Umherreisen eher darum, etwas hinter sich zu lassen, als darum, tatsächlich irgendwo anzukommen. Beim Zwölf-Schritte-Programm der Anonymen Alkoholiker nennen wir das »doing a geographic«, den äußeren Umständen die Schuld an der Sucht geben. Man macht weiter wie gehabt, weil man nicht den Mut hat, sich dem zu stellen, was unmittelbar vor einem liegt – und das ist in erster Linie die Unordnung, die man selber verursacht hat. Wie viele von uns rennen vor irgendetwas in ihrem Leben davon?

Doch in diesem Augenblick, während mein Rücken am hohen Sequoia lehnt, kommt mir meine Rastlosigkeit kindisch vor. Umgeben von diesen sanften Riesen des Waldes empfinde ich das, was Menschen, die regelmäßig meditieren, wahrscheinlich auch empfinden: ein Gefühl tiefster Ruhe.

Und ich frage mich, was wohl geschehen würde, wenn wir lernen würden, so still zu werden. Würden wir lernen, uns mit den Umständen abzufinden? Welche neuen Wurzeln würden wir wohl ausstrecken? Welche Netze der Verbundenheit würden sich uns auftun? Zu welcher wahrlich majestätischen Größe könnte unser Geist emporwachsen, wenn wir unseren Platz einnehmen – für uns, für einander und für die Erde?

Sich dahintreiben zu lassen, schien so lange der leichtere Weg zu sein. Doch diese Zeiten sind vorbei. Wir sind eine Menschheit auf einer sehr kleinen Kugel in einem riesigen Weltall. Was einem von uns geschieht, geschieht uns allen. Wir können nicht vor dem Chaos und der Zerstörung, die wie angerichtet haben, davonlaufen. Es gibt kein »Auf-und-Davon« mehr.

Mir ist klargeworden, dass wir dieses fieberhafte Immer-Weiter beenden müssen – persönlich und global. Die Suche nach der nächsten Grenze, der Glaube, diese nächste Erfindung, Technologie oder Beziehung sei alles, was wir zur Lösung unserer Probleme bräuchten, hält uns davon ab, uns mit den Konsequenzen unseres Verhaltens auseinanderzusetzen.

Es wäre besser, es den Bäumen gleichzutun:
zu lernen, stillzustehen.

Die Erkundung der Verwurzelung

Suche dir in der Natur – vorzugsweise in der Nähe von Bäumen – einen stillen Ort, an dem du die Schuhe ausziehen und die Füße ungefähr hüftbreit fest auf den Boden stellen kannst. Stelle dir vor, aus deinen Fußsohlen würden Wurzeln wachsen, die sich durch Mulch und feuchten Boden tief in die Erde graben.

Wenn du dich entspannt hast, hebst du die Arme wie Baumäste hoch und bewegst sie sanft hin und her, als würde der Wind dich wiegen. Spüre, wie die Sonne deine Glieder erwärmt; fühle, wie Feuchtigkeit und Mineralstoffe aus dem Erdreich in deinen Körper emporsteigen. Fühle dich von oben und unten genährt. Spüre, wie stark deine Wurzeln sind.

Spüre, wie die Erde dich ausrichtet.

Nimm danach dein Tagebuch zur Hand und vervollständige diesen Satz:

»Wenn ich verwurzelt bin, fühle ich…«

Schreibe fünf Minuten lang alles auf, was dir einfällt, und lasse alle Gedanken ohne Unterbrechung aufs Papier fließen.

Frage dich dann: »Was wäre anders, wenn ich in mir und mit meinem Platz in der Welt tiefer verwurzelt wäre, wie würde ich mit meinen Herausforderungen umgehen?«

Schreibe die Antwort auf.

KAPITEL 12

Sichtbarwerden

Ich liebe meines Wesens Dunkelstunden,
in welchen meine Sinne sich vertiefen.

Rainer Maria Rilke

Wir vergraben uns im Wald und verbergen uns vor dem hellen Tageslicht, unser dichterischer wilder Geist wartet ab. Manchmal müssen unsere Ideen jahrelang unter der Erde schlummern, bevor sie zum Vorschein kommen, Form annehmen und sich im Licht der Alltagswelt entfalten können. Alles nimmt in der Dunkelheit seinen Anfang.

Die Seele ist scheu. Sie zittert im grellen Licht. Hast du schon einmal eine Idee oder einen Traum zu früh offenbart? Die geringste Ablehnung oder der leiseste Spott kann sie zum Absterben bringen. Deine inneren Vorstellungen müssen erst gehegt und in dir stark werden, bevor du sie mit anderen teilen kannst. Die Seelenlandschaft des Waldes – dunkel, geschützt, fruchtbar – ist die ideale Brutstätte dafür.

Kurz vor Morgengrauen, zwischen der Welt des Unbewussten und des Bewussten, ist meine Waldstunde. Dann bin ich noch halb in Träume gehüllt, und das Licht draußen ist weich und verschwommen, ohne harte Kanten. Es ist die Zeit des vollkommenen Seelenlichts. Hier befindet sich die Zwischenwelt, die Schwelle zwischen

Dunkelheit und Morgendämmern, an der wir vor dem grellen Licht des Tages noch verborgen sind.

Eine Teilnehmerin einer meiner Workshops sagte, der erste Ort, an dem sie sich so geborgen fühlte, dass sie ihr Tagebuch schreiben konnte, sei der Wald gewesen, der ihre Schule umgab. Im Schutz der Bäume fühlte sie sich frei genug, ihre Hoffnungen und Träume zu erforschen. Ich wusste genau, was sie meinte. Mein erstes Tagebuch war leuchtend pink und hatte ein goldenes Schloss; den winzigen goldenen Schlüssel versteckte ich in einer Schublade. Meine Gedanken waren zwischen den grellrosa Buchdeckeln vor den neugierigen Blicken anderer geschützt. Wir brauchen einen sicheren Ort, an dem wir die tiefsten Sehnsüchte unserer Seele hegen können.

Ich sitze im Wald und halte eine Eichel in der Hand. Die pflaumenblaue äußere Hülle bricht schon auf und enthüllt die nächste dickere, fleischfarbene Schicht. Wenn die Bedingungen stimmen, wird diese Eichel aufplatzen und ein blattloser Keim zum Vorschein kommen, so nackt und durchscheinend wie eine Spargelstange. Diese kleine Eiche, die durch Schichten alten Laubs hindurchbricht, wird schon bald als das, was sie ist, zu erkennen sein.

So sicher wie die Eichel den Eichbaum enthält, so sicher werden deine Träume in der Gebärmutter deiner Seele verwahrt. Der Dichter T. S. Eliot schrieb, er sei weniger durch Inspiration angeregt worden als vielmehr durch »die Überwindung fester Gewohnheiten, die dazu neigen, sich rasch wieder neu zu bilden«.[1] Um die Schutzschichten des kleinen Ichs und der Gewohnheiten zu durchbrechen, muss dein wahres Wesen stark werden. Du häutest dich und brichst Widerstände, um Platz für etwas Wahrhaftigeres zu schaffen.

Der Dichter Rilke schrieb, dass man seine Bilder »gebären« müsse.[2] Doch Bilder haben eine Form, und bevor eine Form entsteht, ist Formlosigkeit: eine Idee, ein flüchtiger Blick auf etwas, eine Neigung. Das ist die Zeit im schöpferischen Vorgang, in der du tief im Bauch ein Flattern verspürst, so zart wie die Flügel eines Nachtfalters. Es hat keinen Namen und keine Form, aber es rührt sich schon.

Vielleicht gehörst du zu den Zaudernden, die ihr Innerstes nur allmählich offenbaren und wenn sie sich sicher fühlen. Oder du bist wie das Farnkraut, das nach dem Feuer, das 1995 am Küstenabschnitt Point Reyes National Seashore wütete, leuchtendgrün aus dem Boden spross, während die Erde noch rauchte. Es kann sogar sein, dass du wartest, bis ein verheerendes Ereignis dich aufbricht, so wie die Bischofs-Kiefer das Feuer braucht, damit ihre Samen aufspringen wie kleine Sterne in der Nacht.

Man kann zwar auf vielerlei Art geboren werden, doch Leben geht immer aus der Dunkelheit hervor.

Wir brauchen verborgene dunkle Bereiche, in denen Ideen sich still verwurzeln können – ohne einen Zeitplan, der nicht aus unserer Seele kommt; ohne den Drang, alles gleich öffentlich zu machen, wie es so viele in dieser Welt aus Reality-TVs, sozialen Medien und YouTube gerne tun.

Wenn wir auf den richtigen Augenblick, auf die passenden Bedingungen warten, müssen wir geduldig und wachsam sein. Wir müssen am Grunde unseres Wesens arbeiten, uns vorbereiten, Nährstoffe aufnehmen. Wenn wir der Erde nah bleiben, haben unsere Ideen die Sicherheit und Stärke der Demut – ein Verständnis vom heiligen Grunde unseres Wesens.

Bei Karen geht es genau darum. Sie ist Mitte Fünfzig, hat die Seele einer Dichterin und Mystikerin – etwas, das unsere Welt heute gerne geringschätzt – und ist am glücklichsten, wenn sie das Leben einer Hellseherin, Traumweberin und Heilerin leben kann. Doch eine sehr lange Zeit glaubte sie, sie würde ausgelacht, wenn sie ihr wahres Wesen offenbarte.

Als Karens Stelle gestrichen wurde und sie dadurch ihr sicheres Einkommen verlor, konnte sie sich die Hypothek für ihr Haus in Berkeley nicht mehr leisten. Da wir in unseren Sitzungen schon seit vielen Monaten ihre innere Kreativität aufgebaut hatten, zögerte Karen keinen Augenblick. Sie verkaufte ihr Haus, zog in den Südwesten der USA, fuhr ihren Lebensstil deutlich zurück und verbringt heute ihre Zeit damit, Gedichte zu schreiben und als Heilerin zu arbeiten.

Wie so viele Menschen, verbrachte Karen die erste Hälfte ihres Lebens damit, sich etwas im Außen zu schaffen und sich anzupassen – Haus, Arbeit, Status. Jetzt war sie bereit, ihr Leben von innen heraus zu führen. Und durch diese Entscheidung offenbarte sich endlich ihre wahre Natur.

Und also vertraust du.

Du lauschst.

Du wartest.

Wenn der Traum stark genug ist und wenn die Bedingungen stimmen, wird er aus der Dunkelheit auftauchen, um seinen Platz in der Welt einzunehmen.

Und du auch.

Die Erkundung des Sichtbarwerdens

Als nächstes folgt ein Prozess in sieben Schritten, damit aus einer Eichel eine Eiche wachsen kann. Wenn du bei diesem »Sichtbarwerden« mitmachst, wird dir klarer, was nötig ist, um etwas Neues entstehen zu lassen. Du kannst auch eine Zwiebel pflanzen oder Samen säen und zusehen, wie sie wachsen, oder einfach das Wachsen draußen in der Natur beobachten.

Was auch immer du pflanzt und hegst – halte die Veränderungen in deinem Tagebuch fest:

Inwiefern spiegelt der Wachstumsprozess deinen eigenen kreativen Prozess wider?

Inwiefern unterscheidet er sich?

Siehst du, wie sich deine Ideen vom Saatkorn bis zur Verwirklichung, von der Dunkelheit ans Tageslicht entwickeln?

Und so pflanzt man eine Eiche:

1. Sammle im frühen Herbst Eicheln – am besten braune oder fast schwarze.
2. Lege die Eicheln ein paar Minuten lang in einen Eimer Wasser und entferne alle Eicheln, die an der Oberfläche schwimmen.
3. Tu die übrigen Eicheln in eine große verschließbare Plastiktüte mit feuchtem Sägemehl und lege sie für einen Monat oder länger in den Kühlschrank, bis sie keimen.
4. Sobald die Wurzel die Schale aufgebrochen hat, kann die Eichel eingepflanzt werden.
5. Stecke jede Eichel einzeln mit der Wurzel nach unten in einen mit Erde gefüllten Blumentopf, etwa fünf bis zehn Zentimeter tief. Gieße die Eicheln regelmäßig.
6. Wenn die Eiche eine Höhe von ungefähr zehn Zentimeter erreicht hat – was nicht länger als sechs Monate dauern sollte – kann sie ausgepflanzt werden.
7. Säubere dazu eine Stelle von etwa einem Meter Durchmesser von allen Kräutern und Gras und pflanze den Eichensetzling in die Erde.

Die Auswahl der Stelle, wo du deinen Baum in die Erde pflanzt, ist eine bedeutsame Handlung – und oft auch eine lebenslange Verpflichtung. Du solltest den Ort deiner Eiche (oder eines anderen Baums oder einer Pflanze) mit großer Sorgfalt aussuchen. Sprich mit jemandem, der sich auskennt, damit dein Baum (oder deine Pflanze) den bestmöglichen Boden und Standort zum Wachsen bekommt.

Den Wald wieder verlassen

Der Wald – dunkel und voller Geheimnisse – liegt nun hinter dir. Wenn du dich bereitmachst, dich weiterzuwagen, halte kurz inne und denke noch einmal an die Zeit, die du auf den laubbedeckten Wegen gewandelt bist.

Der Wald stellt einen Ort schöpferischer Spannung dar – wir können uns verirren und in der Dunkelheit umherlaufen oder auf etwas warten, das keimt und sichtbar werden will.

Was hast du über deine Fähigkeit, diese Spannung auszuhalten, herausgefunden?

Was hast du über deine Fähigkeit, verwurzelt und weise zu sein, gelernt?

Verweile noch einen Augenblick länger im Wald und schaue, ob du dich mit bestimmten Aspekten noch eingehender befassen möchtest. Vielleicht locken dich noch andere Waldwege, die wir hier nicht erkunden konnten. Oder du fühlst dich aufgerufen, einen eigenen Pfad zu bahnen, wo noch niemand gegangen ist.

Wie wirst du die Waldanteile deiner Seele weiter hegen und pflegen?

Teil 3

Flüsse *und* Meere

Ich werde in der Sprache des Wassers
zu dir sprechen,
antworte mit dem Strömen des Flusses.

Lasse still dich ziehen vom stärkeren Zug dessen, was du wirklich liebst.

Jelal al-Din Rumi

Siebzig Prozent der Erdoberfläche bestehen aus Wasser. Siebzig Prozent deines Körpers bestehen aus Wasser. Wir sind aus einem Urmeer aus Fruchtwasser hervorgegangen. Die rund zwölftausend Kilometer Venen und Adern, die sich durch unseren Körper ziehen, sind wie die Flüsse und Bäche, die auf der Erde zirkulieren. Unser Herzschlag ist wie der Wellenschlag.

Alle Lebensformen sind aus den Urmeeren entstanden. Hier bildeten sich einfache Bakterien, aus denen später Bäume, Blumen und Vögel wurden. Hier wuchsen unseren Vorfahren Flossen, so wie wir heute Finger haben. Hier schafften es die ersten Wirbeltiere vor ungefähr 360 Millionen Jahren aus den strudelnden Gezeiten heraus aufs feste Land.

Und aus der salzigen Gebärmutter unserer Mütter wurden wir in die Welt hineingeboren – jede Geburt ein kleines Wiederdurchlaufen der menschlichen Evolution im Kleinen.

Wasser fließt durch unsere Erinnerung: als wir das erste Mal geschwommen sind; der See, an dem wir als Kinder die Sommer verbracht haben; die Wellen, die uns emporgetragen und unter das Wasser gezogen haben. Wasser erzählt Geschichten – Odysseus setzt Segel für die Heimreise; Noah baut seine Arche für die Sintflut; Kapitän Ahab jagt den großen weißen Wal; Huck Finn flieht auf dem Mississippi in die Freiheit. Wasser lässt Bilder von Poseidon oder den Sirenen in uns aufsteigen, von Heilquellen und Taufbecken.

Seit jeher siedeln die Menschen entlang der großen Ströme wie dem Rhein, dem Nil oder der Themse. Flüsse bieten nicht nur Fische und Wasservögel, sondern vor allem Trinkwasser und Wasser für die Bewässerung der Felder, zudem dienen sie als Handelswege und durchziehen so das Gewebe unseres Lebens. Ebenso stark zieht es uns an die Meere, wo wir uns an den Küsten der Kontinente in der Nähe großer Häfen und Schifffahrtsrouten niederlassen.

Wasser macht uns lebendig – buchstäblich und im übertragenen Sinne. Es pulsiert durch die Äderchen und Gefäße unseres Körpers, sammelt sich lustvoll als Speichel auf unserer Zunge, bildet salzige Seen für schwimmende Spermien. Wir erleben Wasser in Form von Dampf, Wolken, Eis, Regen, Schnee, Flüssigkeit. Wir erleben es in der Wandelbarkeit des Daseins, im Fluten und Abebben unserer Begeisterung, in der Art, wie wir von einem Moment auf den anderen von Wut auf Liebe schalten können.

Die Verbundenheit mit unseren natürlichen Anlagen und Sehnsüchten zu verlieren ist, als würde das Meer seine Verbindung mit dem Mond verlieren oder die Flüsse ihren Weg zum Meer. Wir verlieren etwas Lebensnotwendiges. Wenn wir jedoch auf das angeborene Verlangen unserer tiefsten Sehnsüchte hören, öffnen wir uns einem inneren Fluss. Häufig erleben wir ihn als eine Heimkehr. Wenn wir uns ins Wasser wagen, wenn wir auf unsere Sehnsucht *hören*, erfahren wir *Zugehörigkeit*.

Diese Seelenlandschaft lädt uns ein, herauszufinden, was uns antreibt und den Fluss unseres Lebens beeinflusst. Es ist eine Einladung, uns aus den seichten Gewässern des oberflächlichen Denkens in die Tiefen des Möglichen zu begeben: für uns und unsere Gemeinschaft, für alle Mitgeschöpfe und für die Erde selbst. Doch dafür müssen wir lernen, richtig mit den vielen Formen der Sehnsucht umzugehen – mit den zerstörerischen wie den lebensfördernden.

Wenn wir die Flüsse und Meere richtig befahren, werden wir wie der Lachs; dann wissen wir, wie wir den Weg zu unserer heiligen Quelle finden und was die Zuflüsse unseres inneren Wesens speist. Wir erleben diese Seelenlandschaft wie Verliebtsein – verliebt ins Leben, in die Arbeit, ins Geistige, in einen anderen Menschen. Wir sind im schöpferischen Fluss – voll Saft und Freude.

Mitunter kann uns diese Seelenlandschaft jedoch überwältigen. Dann neigen wir zum Übermaß oder zur Sucht und lassen uns von Begierden davontragen, die unserer Seele nicht guttun. Es mag Zeiten geben, in denen wir in Gefühlen ertrinken. Die Ufer sind die Wiege des Flusses; und genauso ist es für unsere Kräfte gut, wenn sie von einem bestimmten Sinn oder einer Aufgabe gelenkt werden.

Für viele ist Loslassen – uns von dem leiten zu lassen, was wir wirklich lieben – die größte Herausforderung. Wir wurden dazu gebracht, Leidenschaft in Pflichterfüllung umzumünzen und zu tun, was nützlich ist oder was andere für richtig halten. Als Folge davon können unsere inneren Wünsche zugedeckelt werden; sie ziehen sich in den Untergrund zurück.

Susan, Mitte Vierzig, nahm an einem Wild-Soul-Workshop teil. Ich sah, wie eine Idee sie für einen Moment zum Strahlen brachte, doch schnell nannte sie mir Gründe, warum sich die Idee nie umsetzen lassen würde, und ihre strahlende Freude war dahin. Sie musste erst noch das lernen, was David Whyte in seinem Gedicht »Sweet Darkness« schreibt:

Eines musst du lernen.
Die Welt ist da, um frei zu sein.[1]

Gemeint ist die Freiheit, auf einer tiefen seelischen Ebene wir selbst zu sein. Unser Leben hat eine Lauterkeit und eine Bestimmung, die tiefer gehen und wahrhaftiger fließen als all unser Bemühen, den Fluss aufzuhalten oder umzuleiten.

Vielgestaltig wie plätschernde Bäche oder donnernde Wellen, stille Bergseen oder Gletscher, die Granit abschleifen, formen unsere tiefsten Wünsche die Landschaft unseres Lebens. Und darauf kannst du vertrauen: Unsere wahren Sehnsüchte sind Ausdruck ewiger Wallungen tief in unserer Seele; sie sind unzerstörbar.

Tauche ein. Erlebe, wie das Wasser dich trägt. Lasse es dich zum Herzen deines Wesens und in ein Leben tragen, das alles übersteigt, was du dir vorstellen kannst.

Es ist Zeit, deinen Fluss zu finden und auf ihm nach Hause zu fahren.

Kapitel 13

Ursprung

Welcher Fluss hat keine Quelle?

Jorge Luis Borges

Sie schwimmen wochen- und monatelang flussaufwärts, oft Hunderte von Meilen. Über Stromschnellen und Steine, Felsen, Wasserfälle und Baumstämme kämpfen sie sich zu ihrem Geburtsort, um dort zu laichen. Es ist eine Pilgerfahrt – uralt und heldenmütig.

So wie der Lachs flussaufwärts schwimmt, mag auch für uns eine Zeit kommen, in der es uns zur Quelle unseres Wesens zurückzieht. Der Lachs lehrt uns, dass dies keine gewöhnliche Reise ist. Es ist nicht mit ein paar einfachen Schritten getan, uns wieder mit unserem eigentlichen Selbst zu vereinen.

Wie finden wir den Weg zurück?

Ich habe den ganzen Winter darauf gewartet, dass der Regen den Fluss soweit anschwellen lässt und die Flut so hoch aufläuft, dass die Sandbank am Muir Beach überflutet und das Tor geöffnet wird, damit der Silberlachs aus dem Pazifik zum Redwood Creek heimkehren kann, um dort zu laichen. Jetzt schaffen nur wenige die Wanderung. Ihre Körper, silbern und muskulös, prall genährt vom Meer, peitschen wie springende Lichter flussauf, winden sich in der Gegenströmung hin und her.

Ihre Schwänze klatschen und platschen in dem schwellenden Wasser, und ich schaue ehrfürchtig zu, eingemummelt gegen die Kälte, überragt von riesigen Mammutbäumen, die ihre Schatten über den Fluss werfen.

Die Poesie des Lebens dieser Lachse ist ins Flusswasser geschrieben. Es war eben dieser Strom, in dem sie flussabwärts schwammen, bevor sie sich ins salzige Meer stürzten und auf gewundenen Strömungen viele Monde und Meilen weit reisten. Und es ist dieser Strom, zu dem sie nun zurückkehren. Lassen sie sich vom Geruchssinn leiten? Oder orientieren sie sich an elektromagnetischen Feldern, die sie unbeirrbar zurückführen? Keiner weiß das so genau. Ihre Wanderung zurück zum Ursprung ist eines der wildesten und geheimnisvollsten Naturereignisse.

Fluss, Strom, Ursprung. Die Anstrengungen der Lachse lehren mich, dass wir nicht immer mit dem Strom schwimmen sollten; manchmal müssen wir gegen den Strom flussaufwärts schwimmen. Ist dies nicht die klassische Geschichte von der heldenhaften Heimkehr – einer Pilgerfahrt zurück?

Es ist, als würdest du eines Nachts unter einem kalten Mond erwachen und wissen, dass du dich verloren hast; und mit jeder Zelle deines Körpers verlangt es dich, dich wiederzufinden. Die Reise in die Welt hinaus mag gefährlich sein, doch die Rückkehr stellt die größere Herausforderung dar. Der Lachs wird von einem angeborenen Drang getrieben, doch du musst die Reise bewusst unternehmen – aus dem Wunsch heraus, zu entdecken, wer du wirklich bist. Es wird viele Prüfungen geben. Doch etwas in der Seele – ganz Aufblitzen und Flosse und Vertrauen – trachtet und springt hin zum wahren Leben.

Du glaubst vielleicht, es sei selbstverständlich zu wissen, wer du wirklich bist. Doch es scheint, als würden wir mit einer Mission auf die Welt kommen, die wir im Augenblick unserer Geburt vergessen.

Das Leben ist zwar voller Fingerzeige, doch wir hasten so schnell voran, dass wir selten Zeit haben, darüber nachzudenken, wohin wir gehen oder warum wir hier sind.

Der dänische Philosoph Søren Kierkegaard war davon überzeugt, dass wir das Leben zwar nach vorne leben müssen, es jedoch nur im Rückblick begreifen können. Du musst dir die Zeit nehmen, das starke Strömen deiner Lebensgeschichte zu finden, und es bis an die Quelle zurückverfolgen.

Ich sitze am Redwood Creek und lausche auf das ferne Murmeln des Anfangs, wo der Fluss an den Hängen des Mount Tamalpais beginnt. Flusssteine schimmern im wirbelnden Wasser; sie wirken wie ein alter Weg hin zu einer vergessenen Welt. Ich nehme mein Tagebuch zur Hand, atme den Geruch von Moos tief ein und beginne mit der »Steppingstones«-Übung, um die bedeutenden Ereignisse aufzuschreiben, die den Fluss meines Lebens ausmachen.*

Ich atme langsamer und lasse meine Gedanken los, damit sie die Rückreise den Fluss hinauf antreten können. Erinnerungen und Bilder, die wie Trittsteine aus dem Fluss ragen, steigen in mir auf. Ich beschreibe sie in kurzen Sätzen: »Meiner Wiege entkommen«, »Im Mondschein tanzen«, »Den Mount Shasta besteigen«. Eine Erinnerung fesselt mich mehr als alle anderen. Ich bin drei Jahre alt und tanze nackt auf dem Rasen meiner Großeltern in North Yorkshire. Ich bin pummelig und habe Grübchen; ich bin überglücklich, so frei wie die Wolken am Himmel, so frei wie der Bach, der in diesem Augenblick vor meinen Füßen fließt.

Auf unserer Heimreise können bestimmte Erinnerungen wie Magnete wirken und uns zu uns zurückholen. Manche Erinnerungen sind uns willkommen, andere sind sehr schmerzhaft. Dämme stauen in Nordamerika neunundneunzig Prozent aller großen Flüsse; sie behindern nicht nur das Fließen, sondern auch die Lachse

* Steppingstones sind Teil des von Ira Progoffs entwickelten »Intensive Journal Process« (Intensiver Tagebuchprozess), einer Methode, über den »Verlauf unseres Lebens vom Beginn zum gegenwärtigen Augenblick« nachzudenken.

bei der Rückkehr zum Ort ihrer Geburt. Auch einschneidende Erlebnisse können wie Dämme wirken. Wenn wir gegen die Strömung schwimmen, können wir die Erinnerungen daran als unüberwindliche Hürden erleben. Wenn wir uns ihnen jedoch ohne Urteil stellen, sie weder gut noch schlecht nennen, machen wir den Weg für die Rückkehr frei.

Es mag widersprüchlich klingen, doch es ist sehr wahr, dass wir, um unser Leben voll und ganz leben zu können, unsere »Mutter Fluss« geistig und seelisch erst verlassen müssen. Wir müssen uns in allen möglichen Erfahrungen verlieren – da mag sogar unser Herz brechen oder der Lebensfaden verlorengehen –, bevor wir zurück können, um die Schönheit unserer wahren Natur zu entdecken und wer wir wirklich sind.

Es wird deutlich, dass sich uns unser Ursprung nicht schon am Anfang unserer Reise im Quellgebiet zeigt, sondern erst, wenn wir den Mut finden, uns allen Hindernissen zu stellen, die sich uns in den Weg legen. Und keine Erfahrung ist umsonst.

Der heimkehrende Lachs trägt den Reichtum des weiten Meeres in sich und ist Nahrung für Fischadler, Bären und viele andere in der Lebensgemeinschaft. Später düngen seine Knochen den Boden und die Pflanzen in seinem Flussgebiet. In gleicher Weise schenkst auch du deiner Gemeinschaft all das, was du gelebt und gelernt hast, indem du zu deiner Quelle zurückkehrst.

Redwood Creek hat seine ganz eigene Musik. Wie jeder Fluss. Wie jeder Mensch. Draußen auf dem Meer hört der Lachs das Lied seines strömenden Blutes, das ihn ruft. Wie und warum das geschieht, bleibt ein Geheimnis. Und während wir uns mit der Frage plagen, was es heißt, ein Mensch zu sein – mit dem Ursprung verbunden und zugleich am ganzen Fluss des Lebens teilhabend –, werden auch wir zurück zu unserer Quelle gerufen.

Finde deinen Fluss. Folge der Geschichte zu deinem Ursprung.

Es ist Zeit, dich auf den Rückweg zu begeben.

Die Erkundung des Ursprungs

Falls du in der Nähe eines Flusses oder Baches lebst, dann gehe für diese Übung dorthin. Wenn das nicht möglich ist, suche dir einfach einen stillen Ort draußen in der Natur (oder in der Geborgenheit deines Wohnzimmers) und verbringe dort ein oder zwei Stunden.

Während du deine Energie und Vorstellung (buchstäblich oder im übertragenen Sinn) rückwärts und flussaufwärts richtest, lasse die Erinnerungen an Zeiten, zu denen du dich in deiner Haut und der Welt sehr wohlgefühlt hast, in dir aufsteigen. Erstelle eine Liste von höchstens zehn »Steppingstones« und beschreibe sie in kurzen Sätzen. Zum Beispiel: »Mit Freunden morgens zur Schule gehen« … »Flöte spielen« … »Das erste Mal schwimmen«. Ordne die Liste chronologisch, wenn du fertig bist.

Jeder dieser kleinen »Trittsteine« enthält Welten an Informationen darüber, wer du bist. Zusammen deuten sie auf Aspekte und Muster deiner wahren Natur.

Suche dir einen aus, der dich gerade jetzt anspricht. Lasse dann einen Fluss an Erinnerungen auf dich einströmen. Lasse sie in Körper, Geist und Seele hineinfließen.

Progoff rät, die Tagebucheinträge mit: *Es gab eine Zeit, da…* zu beginnen. Dies macht es dir leichter, über einen Augenblick oder ein Ereignis auf deiner Liste der »Steppingstones« zu schreiben.

Ich schrieb beispielsweise:

Es gab eine Zeit, da war ich das pummelige tanzende Kind mit tollpatschigen Füßen auf dem grünen Rasen. Ich fühlte mich in meiner nackten Haut wohl. Ich liebte den Sprühnebel, der aus dem Wasserschlauch kam, die Regenbogen, die sich in der Luft bildeten, den hohen Bogen des Himmels mit den Wattewolken über meinem Haupt. Meine Großeltern und Eltern waren von mir entzückt. Ich war das Kind mit dem strah-

lenden Lächeln und den tanzenden Beinen. Ich kannte den Rhythmus meiner Seele. In Yorkshire, weit weg von London, war ich das tanzende Mädchen.

Als ich zurückblickte, erkannte ich, auf welche Weise dieses kleine Mädchen manchmal immer noch in mir steckt. Es erinnert mich an die spielerische Sinnlichkeit des Lebens. Und zudem hat es den Mut und das Selbstvertrauen, die ich heute brauche, wenn ich über die wilde Seele schreibe oder unterrichte.

Was findest du heraus, wenn du über das, was du aufgeschrieben hast, nachdenkst?

KAPITEL 14

Tiefe

Im Meer, sagte der Meeresforscher, gibt es keinen Ort, an dem man sich verstecken kann...

Alicia Suskin Ostriker

Zwei Jahre lang lebten mein Mann und ich am Ufer des Sees Lake Pend Oreille im Norden von Idaho. Der See ist einer der größten Seen Amerikas und so tief – an manchen Stellen über 300 Meter –, dass im Zweiten Weltkrieg U-Boote darin getestet wurden. Von Licht und Bewegung gekräuselt, glitzerte der See. Es war, als würden zehntausend Vögel mit weißen Flügeln über seine Oberfläche flattern.

Manchmal, wenn ich hinausschwamm, trieb eine Wolke über mir hinweg, der Wind erstarb und der See breitete sich vor mir aus, tintenschwarz und bedrohlich. Dann fragte ich mich, was wohl unten lag, wie tief das Wasser unter mir war, was dort lebte. Mich schauderte, als mir die Geschichten vom großen Wasserungeheuer von Pend Oreille in den Sinn kamen, und ich schwamm eilig ans Ufer zurück.

Wir leben auf einem blauen Planeten. Auf der Erde gibt es 1.458 Millionen Kubikkilometer Wasser, davon befinden sich vierundneunzig Prozent in den Ozeanen. Diese Meere bilden die größte uns bekannte Fläche im Universum, die von Lebewesen bewohnt ist. Wir fangen gerade erst an, ihre Tiefen zu erforschen.

Wir erforschen auch erst die Oberfläche unseres eigenen Bewusstseins, während die großen Wasser unseres Unbewussten, des größten und mächtigsten Teils von uns, unsichtbar im Untergrund bleiben. Wie ich Peter Russel, einen führenden Bewusstseinsforscher, einmal sagen hörte: »Wir wissen mehr über den äußeren als über den inneren Raum. Wir haben noch viel zu lernen.« Und der Mystiker Thomas Merton fragt: »Was können wir gewinnen, indem wir zum Mond fahren, wenn wir noch nicht einmal den Abgrund, der uns von uns selbst trennt, überwinden können?«

Wie viele von uns sind jedoch bereit, Tiefseetaucher in der eigenen Seele zu sein?

Mehr denn je zieht uns das Flimmern unserer elektronischen Bildschirme wie das Licht auf der Wasseroberfläche in seinen Bann. Das Leben ist so schnell, so schillernd – wer hat da noch die Zeit, in die Tiefe zu tauchen? Es ist jedoch Tiefe, Wahrheit und Sinn, wonach sich unsere Seele sehnt. Noch während wir auf der schnellen Strömung des Lebens dahingleiten und versuchen, uns von den Tiefen fernzuhalten, fühlen wir, dass sie uns rufen. Welche Wunder und Geheimnisse sie wohl bergen?

Der Marianengraben im Pazifik ist die tiefste Tiefseerinne der Erde, an ihrem tiefsten Punkt sind es atemberaubende elftausendundzwölf Meter. Auf ihrem Grund ist eine Welt, die uns schier unvorstellbar ist. Stelle dir eine Schlucht vor, die so tief ist, dass sie den Mount Everest gänzlich in sich aufnehmen könnte und noch eine Meile Platz wäre. Stelle dir einen absolut dunklen Ort mit Temperaturen um den Gefrierpunkt und unglaublichem Druck vor. Und nun stelle dir vor, dass selbst in diesem Abgrund Leben zu finden ist – denn so ist es.

Die Tiefen der Weltmeere sind voller seltsamer und geheimnisvoller Lebewesen, die sich dem Leben unter hohem Druck einzigartig angepasst haben. An Orten, die so fern sind, dass wir dachten, dort gäbe es gar kein Leben, kann die biologische Vielfalt größer sein als in den Regenwäldern auf der Erdoberfläche. Noch erstaunlicher ist, dass viele dieser Geschöpfe der Dunkelheit in Wahrheit Wesen des Lichts sind, wie wir nun herausfinden.

An Stellen, an die kein Sonnenstrahl dringt, schicken Knallkrebse einen selbst hergestellten Leuchtstreifen wie eine Milchstraße aus Sternen ins nächtliche Meer. Goldene Korallen glühen auf, wenn etwas sie streift, und ein Seestern glitzert wie Diamanten. Spiralen und Schnüre aus Licht veranstalten ein sprühendes Feuerwerk. An den tiefsten und dunkelsten Orten machen Lebewesen ihr eigenes Licht.

Die Seele weiß, dass wir Tiefe brauchen, wie sehr wir ihr auch ausweichen mögen. Doch nur selten finden wir ohne einen Anstoß den Mut, das Meer unseres Unbewussten zu ergründen. Und so wühlt von Zeit zu Zeit etwas die Wasseroberfläche auf. Wir werden unruhig oder schwermütig, eine unangenehme Erinnerung kommt hoch, wir haben einen Traum, der unsere Aufmerksamkeit erregt, oder eine Vision, die wir nicht übergehen können. Diese innere Unruhe kann irritierend sein oder äußerst störend werden, doch sie ist immer der Ruf nach einer tiefsinnigeren und seelenvolleren Lebensweise.

Als ich eines Abends in einem Londoner Theater saß, schlugen die Wellen krachend über meinem Kopf zusammen. Ich war damals schon mehrere Jahre lang trocken und sah – oberflächlich betrachtet – blühend aus. Wegen meines Lächelns und meiner fröhlichen Art hatte ich mir sogar den Spitznamen »Kleiner Sonnenschein« eingefangen. Innerlich kochte ich jedoch vor Unruhe. Ich setzte die Schritte meiner Therapie nicht um und tat alles Mögliche, um mich nicht mit meinen wirklichen Problemen auseinandersetzen zu müssen. Ich wollte ein strahlendes, glückliches Leben. Das hatte ich doch verdient, nun, da ich das Trinken aufgegeben hatte, oder?

Doch an diesem Abend spürte ich, wie mitten im vollbesetzten Zuschauerraum ein Teil von mir den Körper verließ und in ein Reich hinabgezogen wurde, in dem die Luft verschwommen war und ich kaum atmen konnte. Ich befand mich in einem anderen Universum. Wenn ich schrie, würde niemand mich hören. Wenn ich wegrannte, würde ich wieder da landen, wo ich herkam. Wie Jona war ich im Bauch des Wals verschwunden.

Einen Augenblick später war ich wieder in meinem Körper.

Nach diesem Erlebnis wusste ich, dass ich so nicht weitermachen konnte. Nicht nur meine Trockenheit, sondern auch meine geistige Gesundheit stand auf dem Spiel. Und so begann ich, tief hinabzutauchen; mehrere Unterstützer und Therapeuten halfen mir, die schmerzhaften Muster meiner Vergangenheit aufzudecken. Zuerst hatte ich schreckliche Angst, in die Tiefe zu gehen; ich tastete mich langsam und behutsam vor. Licht dringt selten tiefer als zweihundert Meter ins Meer. Es gab Tage, an denen mir war, als würde ich von der Dunkelheit und dem Druck zermalmt.

Ich weiß noch, wie ich zum ersten Mal bei Cancun, Mexiko, im Meer tauchte. In einer Tiefe von nur neun Metern fand ich mich in einer anderen Welt wieder, die schlammig, fremd und düster war. Man hatte mir gesagt, ich solle nahe bei den anderen Tauchern bleiben und auch bei Platzangst normal atmen. Ich begann zu sinken und sank tiefer, als ich wollte. Das Tageslicht schien ganz weit weg zu sein. Würde ich immer weiter sinken? Würde ich es je zurück an die Oberfläche schaffen?

Indem ich mich meinen inneren Tiefen aussetzte, begegnete ich Herausforderungen. Was ich herausfand, zerstörte die Illusionen über den Menschen, für den ich mich hielt. Ich schaute in den Abgrund meiner Selbstsucht und meines Eigensinns, des sexuellen Durcheinanders meiner jungen Jahre und des fatalen Mangels an Selbstvertrauen, der die Ursache so vieler falscher Entscheidungen gewesen war. Ich musste häufig an die Oberfläche kommen, um Luft zu holen, bevor ich wieder hinabtauchen konnte. Und trotzdem stellte ich wie durch ein Wunder auch fest, dass Schönheit und Licht nicht nur im Leben an der Oberfläche zu finden sind.

Allein in der Tiefe, mich mit meinen verdrängten und abgelehnten Seiten auseinandersetzend, entdeckte ich meine Leidenschaft, meine Verspieltheit und den Sinn meines Lebens wieder. In meiner Seele wurde es wieder licht, zuerst in winzigen Leuchtpünktchen, dann in hellen Sternenfunken reinster Freude. Als ich zum dritten Mal tauchte, fühlte ich mich unter Wasser zu Hause. Ebenso war es mir jetzt möglich, unbefangen in meine eigenen Tiefen zu gehen. Mit jedem Abtauchen wurde es mir weniger wichtig, die Quelle des Lichtes bloß in glänzenden Gegenständen oder oberflächlichen Dingen zu suchen: die größere Helligkeit strahlt jetzt von innen.

Die Erkundung der Tiefe

Ein Traumtagebuch zu führen, ist eine sehr wirksame Art, deine Tiefe zu erkunden.

Bevor du schlafengehst, fülle Wasser in eine Schale und lege eine Schwimmkerze hinein. Wenn du das Spiel des Lichts auf dem Wasser betrachtest, atme tief ein, entspanne den Körper und öffne dich, um deine Träume freudig zu empfangen.

Blase die Kerze aus, wenn du völlig entspannt bist, und gehe zu Bett – und vergiss nicht, eine kleine Taschenlampe, dein Tagebuch und einen Stift griffbereit zu halten. Sobald du erwachst, denke gleich an die Bilder, die du aus deinem Traum erinnerst, und notiere dir alles. Frage dich, nachdem du deinen Traum so vollständig wie möglich aufgeschrieben hast, folgendes:

Welche Gefühle empfand ich im Traum?

Welches ist das stärkste Bild des Traumes? Welche Wirkung hat es auf mich?

Welche Bezüge kann ich zwischen dem Traum und dem wahren Leben herstellen?

Schreibe deine Antworten auf.

Kapitel 15

Fluss

... fang die Strömung ein und reite sie wie ein Tier...

Linda Hogan

Vor Jahren nahm ich an einer Wildwassertour auf dem Klamath River teil. Am letzten Morgen unterhielten sich die Teilnehmer mit ängstlicher Stimme über »die Stromschnellen«, die einen – wie ein Blatt in den Abfluss – in einen Trichter hineinziehen und gegen spitze Felsen schmettern können. Schnell näherten wir uns *Dragon's Tooth* (Drachenzahn), dem schwierigsten Flussabschnitt. Die Gruppe, von erfahrenen Guides geleitet, fuhr auf Schlauchbooten den Fluss hinunter. Ich hatte mich entschieden, allein in einem kleinen Kajak zu fahren.

Als wir uns den Stromschnellen näherten, wurde das Donnern ohrenbetäubend. Schillernde Gischt warf Regenbogen in die Höhe, das Wasser brodelte und wirbelte in schäumenden Strudeln um mein kleines Boot. Jeder Muskel in meinem Körper war angespannt.

Vielleicht sollte ich erwähnen, dass ich gerne die Kontrolle behalte. Wenn man in einer Alkoholikerfamilie aufwächst, lernt man, die Dinge selbst in die Hand zu nehmen, statt sich auf andere zu verlassen. Seit ich denken kann, fällt es mir schwer, anderen zu vertrauen. Als ich also auf einen Trichter zuraste, hätte ich am liebsten das Paddel ausgestreckt und »Stop!« geschrien. Ich war sicher, dass ich gleich unter Wasser gezogen und ertrinken würde. Ich fühlte mich dem Tode näher denn je.

In diesem Augenblick erschien der Fischadler und stieß einen Schrei aus. Er flog so dicht an meiner linken Schulter vorbei, dass ich fast den Luftzug seiner Flügel spürte. Ich hörte das Brausen der Stromschnellen nicht mehr, sondern schaute zu dem Vogel auf. Er folgte mir und blieb an meiner Seite. Und mit jedem Schrei, mit jedem Schlag seiner gefiederten Schwingen wurde mein Herz ruhiger, mein Körper entspannter, und ich fühlte, wie ich mit der Strömung verschmolz, die mich federleicht wie ein Streichholz durch das tobende Wasser trug.

Ich erinnere mich nicht mehr, ob ich paddelte oder mich einfach dem Fluss überließ. Was ich weiß, ist dies: In mir war ein Damm gebrochen. Ich wurde von einer wilden Macht getragen: teils Hingabe, teils eigener Wille. Es war befreiender als alles, was ich je erlebt hatte.

Später am Abend, als ich am Flussufer lag, unter einem Augusthimmel mit vielen Sternschnuppen, dachte ich darüber nach, wie gewaltig es war, von etwas Größerem getragen zu werden. Damals war ich zwar schon seit ungefähr sechs Jahren trocken, doch ich hatte die Führung meines Lebens noch nie an eine höhere Macht abgegeben, obwohl ich dazu ermutigt worden war. Ich war immer noch die Macherin – für mich selbst und so ziemlich für alle und alles um mich her. Doch an diesem Tag spürte ich instinktiv, dass ich endlich losließ.

Ich dachte daran, wie die Flüsse oben in den Bergen als Rinnsal beginnen und stärker werden, wenn sie hinabfließen, zu Flüssen anschwellen, sich von Zuflüssen nähren und immer breiter und größer werden. Ich fragte mich, ob Vertrauen sich nicht ebenso entwickelte: leicht und langsam und mit der Zeit immer tiefer und breiter werdend. Und was würde mein Vertrauen brauchen, um wahrhaft zu fließen?

Wir leben in einer Welt, die die Natur beherrscht, und das führt dazu, dass wir es gewohnt sind, andere zu beherrschen – und, noch schlimmer, uns selbst zu kontrollieren. Wie eine meiner Schülerinnen schrieb: »Ich habe die vielen inneren Vorschriften, wie ich ›zu sein habe‹, satt; sie trennen mich vom inneren wilden Fluss.«

Vielleicht ist Vertrauen nichts anderes, als den wilden Fluss, der in jedem von uns fließt, freudig anzunehmen. Als ich an jenem Tag den Fischadler sah, hatte ich das Gefühl, der Große Geist wäre gekommen, um mich daran zu erinnern, dass ich immer behütet bin – dass es in Ordnung ist, mich der Strömung zu überlassen.

Im Jahr 1935 wurde der *Hoover Dam* aus sechzig Millionen Tonnen Beton gegossen (soviel Beton, dass er immer noch aushärtet). An irgendeinem Punkt im Leben haben auch wir damit angefangen, Beton zu gießen. Der besteht aus Unsicherheit, Angst und Stress. Es geht darum, unsere inneren Dämme einzureißen. Wir können lernen, sie abzubauen. Und wir können uns fragen, was für ein Leben wir eigentlich wollen. Wollen wir jeden Augenblick bestimmen oder wollen wir die Kontrolle abbauen und darauf vertrauen, dass der große Fluss uns trägt?

Ein ungebändigter Fluss ist schließlich lebendig. Er wäscht Ufer aus und bringt sie zum Einstürzen; er sucht sich neue Wege. Er fließt und hat erstaunliche Kraft. Gestautes Wasser steht still: gefangen, gebändigt, unbewegt. Wollen wir im Vertrauen leben oder von Angst zurückhalten werden?

Wenn ich mich im Fluss befinde – wenn ich schreibe, wandere, wenn mein Mann und ich uns lieben – dann weiß ich, dass dies die glücklichsten Augenblicke meines Lebens sind. Es sind die Augenblicke, da ich mich ganz vergesse, in denen mein Ego von mir abfällt und mit ihm meine Ängste. Dann werde ich zum Kanal für etwas Wunderbares, das durch mich hindurchfließt… Kreativität, Lebensfreude, Liebe.

Wie damals der Fischadler an meiner Schulter, so erinnert mich in diesen Augenblicken der Geistatem daran, loszulassen und auf dem wilden Fluss ins Herz meines Lebens zu fahren.

Wer wärest du, wenn du frei wärest?

Die Erkundung des Flusses

Gehe an einem heißen Tag ins Freibad, an einen See oder ans Meer. Oder nimm ein Bad und lehne dich entspannt ins Wasser. Lasse dich von ihm tragen. Vertraue deinen Körper dem Wasser an und fühle dich getragen. Je mehr du dich entspannst, um so mehr wird das Wasser dich halten.

Wenn du im Wasser liegst, verstehst du, dass du auf dem Planeten schwebst und dass allein die Schwerkraft dich trägt; der Planet wiegt dich mit genau dem richtigen Maß an Kraft. Du fühlst dich nicht eingeengt, wirst aber auch nicht dir selbst überlassen. Vertrauen baut sich auf. Du weißt, dass du in Sicherheit bist, vom Wasser getragen, von der Schwerkraft gehalten, und du schaust in die Unermesslichkeit eines endlosen Universums.

Wenn du das nächste Mal im Wasser bist, denke daran, wie sehr dein Körper den Gesetzen dieses fein gestimmten Kosmos vertraut. Lasse es dich daran gemahnen, dass du dem Geist vertrauen kannst; er wird dich durchs Leben geleiten und tragen.

Wenn du soweit bist, nimm dir ein paar Minuten Zeit und notiere eine Antwort auf die Frage: »Wer wäre ich – was würde ich tun – wenn ich darauf vertraute, dass ich vom Geist getragen werde?«

KAPITEL 16

Ausdruckskraft

Es ist schwer, Wasser zu sein...

Brenda Hillman

Denk an mich – Flusswasser, tief fließend, silberglänzend, durch Schluchten sich schlängelnd; stürzt sich in Wasserbecken, über rauhe Felsen, zwischen Baumwurzeln hindurch. Denk an mich im Frühling, donnernd über den Rand der Welt. Oder wenn ich gemächlich bin, schwer von Schlamm, außer Atem. Wenn Regen auf meinen Rücken prasselt mit scharfen Nadeln und ich meine Ufer überschwemme und durchbreche. Wenn die Sonne aufgeht und schwarze Tinte in Gold verwandelt, und wenn die Nacht fällt und ich einen Sternenhimmel enthalte. Denk an mich in Industriestädten, dunkel von Gift, ein Abwasser von Dreck und Chemikalien, wenn mein Leib vor Schmerzen schreit. Wie ich in der Wiese schimmere, ein Lichtfaden in einem Meer aus Gras. Denk an mich, wenn ich vom Gletscher herabkomme, Berglehnen hinab und vernarbte Skipisten, hinab in Brunnen tief in der Erde, wo ich mich sammle, vom Feuer erwärmt. Wenn ich die Gestalt wandle von Dampf zu Eis, Regentropfen zum Schneekristall, mich in Meere ergieße und als Nebel über dem Regenwald aufsteige.

Denk an mich, wie ich in deinen Adern fließe, hineinträufele in jeden Kamm und jedes Tal deines Seins.
Denn wann immer du an mich denkst, in welcher Form auch immer, ich bin stets derselbe Fluss.[1]

Tagebucheintrag, 13. August 2011

Wasser erinnert uns daran, dass wir uns in vielerlei Arten und Formen zeigen können, ohne unsere wahre Natur preiszugeben. Wir sind Gestaltwandler. Je nach Zeit und Umständen und unserer Verfassung können wir uns als donnernde Wut, eisige Verachtung oder gurgelnder Bach der Freude ausdrücken.

Heute ist es üblich, den echten und spontanen Ausdruck zu unterdrücken. Wir sind dazu abgerichtet, wie ein Uhrwerk zu funktionieren, unsere Gefühle zu berechnen und zu steuern, um einem mechanischen industrialisierten System zu entsprechen, dem Effizienz wichtiger ist als Gefühle. Unsere Stärke liegt jedoch in unserer Leidenschaft. Wir können jederzeit von Gefühlen erfasst werden. Die Wasser unseres heiligen Wesens lassen sich nicht einfach dirigieren.

Das fand meine Freundin Mary Jo heraus, als sie schon sieben Jahre trocken war. Die Wut, die sie da überkam, war so stark, dass man sich Sorgen um sie machte. Sie erzählte mir: »Ich hatte Mordgelüste, so als hätte jedes Nervenende Feuer gefangen. Ich wurde von der Wut regelrecht mitgerissen.« Ihre Therapeutin lehnte die üblichen Mittel ab und unterstützte sie beim Verzicht auf Medikamente. Sie glaubte, dass Mary Jos Wut ein Durchgang war, notwendig für die Heilung der schmerzhaften Wunden ihrer Vergangenheit. Im siebten Jahr ihrer Abstinenz führte sich Mary, wie sie selbst sagte, sieben Monate lang wie eine Verrückte auf: wild, zornig, wutentbrannt – wie Mrs. Rochester auf dem Dachboden; wie Kali; wie die römischen Furien und griechischen Erinnyen, die Rachegöttinnen und Töchter der Gäa. Sie kochte vor Wut. Doch das Gift wurde ausgeschwemmt, und danach hatte sie das Gefühl, dass ein Teil von ihr, der eingefroren war, endlich aufgebrochen war.

Nahe am Herzen zu leben, heißt nicht, vollkommen zu sein. Das Wasser erinnert uns daran, dass wir, um heilen zu können, zu Zeiten unsere Wut, unseren Schmerz, unsere Verletztheit zum Ausdruck bringen müssen. Und es wird andere Zeiten geben, in denen wir uns die beharrliche Kraft der Gletscher zu eigen machen, wie sanfter Regen oder wie eine Sturmflut agieren oder auf die stillen, ruhigen Gewässer unseres innersten Wesens zurückgreifen müssen.

In den Worten des Dichters Langston Hughes sind unsere Seelen »so tief wie Flüsse geworden«.[2] Wenn wir alle unsere seelischen Regungen annehmen und ausdrücken, zeigt sich der tiefe Strom der Liebe, der in uns fließt. Wenn wir unsere Leidenschaften leben, verbinden wir uns mit unserem unbesiegbaren Herzen. Dann werden unsere Gefühle reiner und klarer. Dann fließen sie aus der Tiefe und sind eine echte Reaktion auf die Gegebenheiten.

Wasser, Eis, Dampf: Unsere wahre Ausdruckskraft kommt aus dem Wissen um die vielen Seinsweisen unseres Flusses.

Die Erkundung der Ausdruckskraft

Erstelle eine Liste aller Formen, die Wasser – vom Eisberg bis zum Wasserfall – annehmen kann. Welche Formen scheinen deiner Gefühlslandschaft am ehesten zu entsprechen? Suche die entsprechenden Formen von Wasser in der Natur oder auf Bildern in Zeitschriften oder Videos, sobald du herausgefunden hast, welche Formen deine Gefühle annehmen können. Überlege dir bei der Betrachtung dieser verschiedenen Wandlungsformen von Wasser, wie sie deine eigene Bandbreite an Gefühlen widerspiegeln, und schreibe deine Beobachtungen in dein Tagebuch.

Rufe dir dann ein Ereignis ins Gedächtnis, das bei dir eine Gefühlsreaktion ausgelöst hat. Schildere das Ereignis in der Gegenwartsform und beschreibe die Eigenschaft der hervorgerufenen Gefühle in Form von Wasserbildern. Stelle dir, während du über das Geschriebene nachdenkst, folgende Fragen:

Was habe ich über die verschiedenen Formen meiner Gefühle gelernt?

Hätte ich meine Gefühle auf eine aufrichtigere Weise zum Ausdruck bringen können?

Hätte mehr emotionale Aufrichtigkeit ein besseres Ergebnis, mehr Heilung oder Wachstum bewirkt?

Ergänze diese Überlegungen, indem du eine Collage oder ein »Vision Board« (Bilderbrett) anfertigst, auf dem deine derzeitigen und die gewünschten Ausdrucksformen abgebildet sind.

Kapitel 17

Ebbe und Flut

Es ist etwas unendlich Heilsames in den sich immer wiederholenden Refrains der Natur.

Rachel Carson

Heute Vormittag herrscht Ebbe in der Flussmündung.

Aus Wasser, so dünn wie Fensterglas, entspringen Grasbüschel. Ein Kiebitz pickt sich in den Untiefen seinen Weg, und Strandläufer flattern wie hingeworfene Kieselsteine von einer Rinne zur nächsten. In der Nähe hinterlässt eine Kanadagans ihre Abdrücke im Schlick der Sandbank. Ein großer Reiher schwebt auf weißen Taschentuchflügeln vorbei; sein heiseres Krächzen zerreißt die stille Luft.

Am Nachmittag kommt die Flut, ertränkt die Gräser, zerstreut die Watvögel, lässt die Strömungen schlängeln und strudeln. Enten schwimmen wie Bündel von Wasserlilien vorbei. Die Strömung drängt landeinwärts aus dem Pazifik herein. Später wird die Flut sich wieder wenden, und das Meer wird sich seinen salzigen Leib zurückholen.

Wenden sich nicht auch die Jahreszeiten? Folgt auf den Tag nicht die Nacht? Sehnt sich nicht auch deine Seele nach Ebbe und Flut – nicht im Takt des rasenden Schlagens der Welt, sondern ihrem inneren Rhythmus gemäß?

Die Erkundung von Ebbe und Flut

Meditiere darüber, wie der Mond zu- und abnimmt, wie sich Ebbe und Flut abwechseln und wie sich die Jahreszeiten wandeln und im Kreis drehen. Spüre, wie deine Seele einem ähnlichen Muster folgt. Nimmst du diesen Energiefluss als etwas Natürliches an? Oder kämpfst du dagegen an? Wie wäre es wohl, wenn du auf deinen eigenen inneren Rhythmus hören würdest?

Wenn du dich auf die Rhythmen der Natur einstimmst, versuche herauszufinden, welche am besten zu dir passen. Du könntest dir auch einen bestimmten Ort im Freien suchen, den du zu den verschiedenen Jahreszeiten besuchst, um über den Fluss und die Wandlungen des Lebens zu meditieren.

Hole nach dem Meditieren dein Tagebuch hervor und fange an zu schreiben:

»Ein hilfreicher Rhythmus für mein Leben wäre jetzt…«

Anmerkung: Wenn du immer wieder zu dieser Übung zurückkehrst, wirst du feststellen, dass dein Leben zu verschiedenen Zeiten und in unterschiedlichen Phasen nach einem anderen Tempo verlangt.

Kapitel 18

Sehnsucht

Sage nicht, sage nicht, es gibt kein Wasser.

Denise Levertov

Meine Hausmutter ergreift die Gelegenheit, mich aufzuklären, als ich ein Bad nehme. Sie sagt, wenn ich einem Jungen begegne, der mir gefällt, werde ich feucht – »da unten«.

Mein Blut gerät in Wallung. Ich renne aus dem Schlafraum meines katholischen Internats ins Bad. Die Hausmutter schimpft mit mir, weil ich mich so anstelle.

Ich küsse zum ersten Mal einen Jungen, eng an ihn geschmiegt und mit feuchter Zunge. Die Hausmutter behielt Recht.

Ich mache Liebe, schmecke den Samen, salzig wie das Meer. Im freien Fluss treibe ich von einem Jungen zum nächsten, bin am Ertrinken. Es zieht mich über den Atlantik nach New York, ich ziehe weiter, um am Pazifik zu leben, und lerne, nüchtern zu lieben.

Ich mache eine Eileiterschwangerschaft durch und noch eine zweite. Meine Gebärmutter will sich nicht füllen. Später träume ich, dass ich unter Wasser schwimme und dort nach einem verlorenen Kätzchen suche.

Mir wird ein Teil meiner Gebärmutter herausgeschnitten. Ein Eierstock überlebt. Mein Körper beginnt zu vertrocknen.

Ich heirate einen Mann, dessen Küsse mich feucht halten. Abgenutzte Kanäle der Sehnsucht verkümmern, neue öffnen sich. Die Gedichte fließen. Ich sitze in der Sonne und schmelze wie Frühlingsschnee. Aus meiner Feder tropfen die Worte.

Ich sehne mich mit allem, was in mir ist, danach, die reine Strömung zu finden –Wasser, das man trinken kann. Ich freue mich auf die Zeit, wenn das Wasser verdunstet.

Ich erinnere mich, wie zutreffend die Worte meiner Mutter waren:

Sehnsucht und Wasser sind eins.

Tagebucheintrag, 11. Oktober 2012

Die Erkundung der Sehnsucht

Jetzt ist es an dir, die Geschichte deiner Sehnsucht, wie sie das Wasser erzählt, niederzuschreiben.

Atme ein paarmal tief durch, horche in deinen wässerigen Körper hinein und blicke zurück auf dein Verhältnis zur Sehnsucht. Bringe deine Geschichte in kurzen Sätzen und starken Bildern zu Papier. Lasse die Wörter frei fließen, ohne viel nachzudenken oder sie zu lenken.

Wo nahm deine Sehnsucht ihren Anfang? Was lässt sie weiterfließen? Was lässt sie austrocknen? Wie gut bist du darin, auf den Wellen der Sehnsucht zu reiten?

Wenn du sie fertig hast, nimm dir etwas Zeit, über die Geschichte deiner Sehnsucht nachzudenken. Was fällt dir auf?

Nun ist es Zeit, deine »Wunschvorstellung« von der Sehnsucht deines Lebens schriftlich festzuhalten.

Wie würde sie aussehen?

Wie und wo würde sie durch die Landschaft deines Lebens fließen?

Was wäre dir in deinem Leben möglich, wenn sie natürlicher und leidenschaftlicher fließen würde?

Halte die Antworten in deinem Tagebuch fest.

Kapitel 19

Gleichgewicht

Wenn die Bäche voll sind,
fließen die Gedichte.
Wenn die Bäche leer sind,
häufen wir Steine auf.

Gary Snyder

Es gab eine Dürre in einem Dorf in China. Sie schickten nach einem Regenmacher, der weit weg lebte. Als er ankam, war das Dorf in einem elenden Zustand: Vieh verendete, Pflanzen vertrockneten, Menschen verdursteten. Die Dorfbewohner versammelten sich um ihn und fragten, was er zu tun gedenke. Er antwortete: »Gebt mir eine Hütte und lasst mich ein paar Tage in Ruhe.«

Er verschwand in der Hütte. Zwei Tage lang tat sich nichts. Am dritten Tag fing es an, in Strömen zu regnen. Als der Regenmacher aus der Hütte trat, wollten die Dorfbewohner unbedingt erfahren, was er getan hatte. »Das ist ganz einfach«, sagte er. »Ich habe gar nichts getan.«

»Aber es regnet doch«, sagten sie.

»Ich komme aus der Gegend von Tao, im Gleichgewicht«, erklärte er. »Wir haben Regen – wir haben Sonnenschein. Nichts ist in Unordnung. In eurer Gegend ist alles durcheinander. Der Rhythmus des Lebens ist gestört, und deswegen war auch ich gestört. Was also kann ich tun? Ich bin in die Hütte gegangen, um allein zu sein, um zu meditieren, um mich auszurichten.

Wenn ich im Gleichgewicht bin, ist auch alles um mich herum im Gleichgewicht. Wir sind jetzt im Tao. Jetzt regnet es.«

Dies war eine der Lieblingsgeschichten von C. G. Jung.[1]

Ich habe auch eine Lieblingsgeschichte, wie wir ein Gleichgewicht und den Fluss wieder herstellen können, die mir ein Workshopteilnehmer erzählt hat. So lautet Lonner Holdens Geschichte:

»Vor zwölf Jahren erkrankte meine Frau an Krebs. Unsere Kinder waren damals noch klein, und meine Frau konnte nicht arbeiten, während sie eine Chemotherapie machte und sich um ihre Heilung kümmerte. Zwei Jahre lang war ich der einzige Geldverdiener und Alleinerzieher.«

Das beanspruchte Lonner so stark, dass er nur noch daran dachte, alles zusammenzuhalten. Als sich seine Frau soweit erholt hatte, dass sie wieder arbeiten konnte, und der Alltag allmählich wieder einkehrte, fiel eines Morgens Lonners Blick in den Spiegel. »Ich schien mich nicht mehr sehen zu können. Irgendwo in all dem Stress und der Arbeit war ich verschwunden. Es war nichts mehr von mir übrig.«

Zur selben Zeit rief ein Freund an, um Lonner zu sagen, dass jemand seine Teilnahme an einem Schlauchboottrip auf dem Colorado River abgesagt hätte. Hatte Lonner Lust, mitzukommen? Trotz aller Dinge, die dagegen sprachen – Verpflichtungen, Kosten, Arbeit –, schrie Lonners Körper förmlich »Ja!« Ihm war klar, dass diese neuntägige Flussfahrt für ihn eine Rettungsleine bedeutete.

Die hochragenden Felswände des Grand Canyon türmten sich über ihm auf; in jedem Sandkorn, jedem kleinen Steinchen wohnte Leben. »Und zum ersten Mal seit langer Zeit war nicht ich derjenige, der die Last tragen musste – der Fluss trug mich. Ohne dass es mir bewusst war, wurde meine Seele in einen Zustand tiefer Ruhe und Entspannung geführt.

Am letzten Tag wurden wir still und sanft aus der Schlucht auf den offenen See hinausgeschoben. Das war eine echte spirituelle Geburt für mich. Nur wenige Momente im Leben haben eine so plötzliche Veränderung bewirkt. Neun Tage der Schwangerschaft fanden ihren Höhepunkt in einem einzigen dramatischen Augenblick, als ich in den freien Raum, ans Licht und in die Selbstakzeptanz einbog. Das Geschenk des Colorado an mich war ich selbst.«

Nachdem ich die Geschichte von Lonners heiliger Fahrt gehört hatte, ging ich hinaus in eine kalte Januarnacht. Nach einem heftigen Gewitter trat das Wasser aus den Regenrinnen und strömte den Berg hinab. Ich blieb stehen und dachte darüber nach, wie seltsam es ist, dass wir Menschen glauben, wir wären von der Natur getrennt, und wie wir sie damit aus dem Gleichgewicht gebracht haben. Wir erschöpfen die Erde, indem wir ihr zu viel abverlangen. Und wir erschöpfen auch uns selbst, laugen unsere Lebenskraft aus durch ständigen Stress, zu viel Arbeit und den Drang nach immer mehr, mehr, mehr.

Was wäre nötig, um unser inneres Haus in Ordnung zu bringen?

In der kühlen Nachtluft atmete ich tief aus und schickte eine kleine Wolke hinaus in die Welt, die zu einem Regentropfen, einer Schneeflocke, einem Fluss werden würde.

Wenn die Bäche voll sind, kann der Fluss des Lebens fließen.

Die Erkundung des Gleichgewichts

Nimm ein durchsichtiges Glas und fülle es halbvoll mit Wasser. Nimm dir einen Augenblick Zeit, um über das Wasser im Glas nachzudenken. Du kannst auch eine Kerze anzünden oder das Glas vor ein Fenster stellen, so dass Sonnenstrahlen auf das Wasser fallen. Nimm dein Tagebuch zur Hand, während du dich gedanklich mit dem Glas und dem Wasser beschäftigst, und denke über diese beiden Fragen nach:

Inwiefern ist mein Leben leer?

Inwiefern ist mein Leben erfüllt?

Frage dich dann:

Was könnte ich loslassen, um mehr Gleichgewicht in meinem Leben zu haben?

Was könnte ich mir geben, um mehr Gleichgewicht in meinem Leben zu haben?

Wenn du fertig bist, trinke das Glas aus und bedanke dich für dieses lebensspendende Element.

Kapitel 20

Großzügigkeit

…alle Dinge fließen zurück ins Meer, aus dem sie gekommen sind.

Rabbi George Gittleman

In jeder einzelnen Körperzelle befindet sich ein winziges Meer. Die Wassermoleküle in uns stiegen aus den Ozeanen dieser Welt auf; sie verdunsteten aus den Regenwäldern, legten sich als Schnee auf Gebirgshöhen und strömten durch Flüsse. Über siebzig Prozent der Erdoberfläche sind Meere, und das Verhältnis von Wasser zu Fleisch und Knochen in unserem Körper ist ähnlich.

Unermesslich, unerschöpflich und großzügig, ist das Meer die Gebärmutter, aus der alles Leben entspringt. Ozeane schenken Leben und haben die Macht, es sich – in Form von Flutwellen, tödlichen Strömungen oder gewaltigen Tsunamis – zurückholen.

Auf mich hatte Wasser schon immer eine starke Anziehungskraft. Ich liebe es, mich vom eigenen Gewicht befreit zu fühlen, sanft getragen, schwebend. Als missratener Teenager und noch als Erwachsene schlich ich mich heimlich in die Swimmingpools von Hotelanlagen und Privatgärten. Noch heute ist mein Bedürfnis, in Wasser einzutauchen, so stark, dass es meinen Körper verlangt, das feste Land zu verlassen. Der Anblick eines bestimmten Blautons lässt mich nach Wasser gelüsten, dann möchte ich mich ausstrecken und mich geschmeidig und gewichtslos in seinen Armen wiegen.

Sei es das Mittelmeer meiner Kindheit oder der Pazifik, nur ein paar Minuten von meinem heutigen Zuhause entfernt – das Meer hat mir immer geholfen, mich wie neugeboren zu fühlen.

An einem stürmischen Wochenende im Dezember 1983 wanderte ich die Steilküste der *Marin Headlands* nördlich der Golden Gate Bridge entlang. Nur wenige Tage zuvor hatte ich das Trinken aufgegeben und war zitterig und besorgt. Ich hatte keine Ahnung, ob ich ohne den Alkohol leben könnte. Von der Steilwand aus blickte ich auf ein wirr tanzendes Wogen aus Wut. Das Meer spiegelte meinen inneren Aufruhr wider. Doch es beruhigte mich auch. Ich spürte die Aufforderung, meine innere Unruhe nicht als ein Zeichen der Schwäche, sondern im Licht meiner sich sammelnden Kraft zu betrachten. Ich schmeckte Salz auf der Zunge und wusste nicht, ob es das Salz des Meeres oder mein eigenes Salz war. Ich fühlte mich vollkommen eins mit diesem unermesslichen Wasserleib. Und auf unerklärliche Weise wusste ich, dass ich es schaffen würde.

Laut dem Meeresforscher Jacques Cousteau lässt sich jeder der achtundzwanzig Knochen des menschlichen Schädels auf den knöchernen Kopfteil eines prähistorischen Fisches zurückführen. Die gleichen Flutwellen, die die Fische bewegen und das Meer aufrühren, zerren auch an unserem Körper. In einer Vollmondnacht wälzen wir uns rastlos im Bett hin und her, gefangen in der Flut unserer anschwellenden Gefühle.

Doch wir sind dabei, diese enge Verbindungen zu durchtrennen.

In ihrer enormen Großzügigkeit opfern sich die Meere für uns. Sie nehmen immer mehr Kohlendioxyd, das wir in die Atmosphäre pusten, auf, und das Meerwasser ist mittlerweile so übersäuert, dass es die Schalen kleiner Schalentiere, wie zum Beispiel Krabben, Austern und Krill (der wichtigsten Nahrungsquellen von Fischen wie Lachs, Hering und Makrele) zerfrisst. Korallenriffe bleichen aus und sterben ab. Als die gute Mutter, die es ist, nimmt das Meer die Folgen der Erderwärmung auf sich.

Wie konnten wir die Achtung vor unserem großen mütterlichen Meer derart verlieren? Wie konnten wir unsere Verpflichtung ihm gegenüber und unsere tiefreichende Verwandtschaft zu ihm vergessen? »Das Meer verweigert sich keinem Fluss, ganz gleich, wo der Fluss gewesen ist oder was er auf seiner Reise angesammelt hat«, schreibt der Umweltschützer Ocean Robbins.[1] Wenn wir unsere Meere verschmutzen, finden die Gifte den Weg zurück in unsere Tränen und in das Fruchtwasser unserer Mütter. Wie können wir dem Urwesen, das uns zur Welt gebracht hat, wieder Ehre erweisen, anstatt es zu zerstören?

Der große und fruchtbare Geist der See ist in der Unermesslichkeit unserer Seele verankert. Das sehen wir daran, wie sehr sie uns anzieht. Wir drängen zu ihr hin, spielen an ihren schäumenden Säumen, erholen uns auf ihrer Haut. Und doch vergessen wir, was sie uns bedeutet. In dieser tiefen Vergessenheit verlieren wir unsere rechtmäßige Beziehung zur See aus dem Blick. Und unsere Antriebe werden verfälscht und gefährlich.

Ich weiß zwar nicht, was Gott ist, doch ein Satz des berühmten Religionsforschers Huston Smith berührt mich immer wieder zutiefst. Mittlerweile ist er ein alter Mann, doch als ich ihn das erste Mal sah, saß er wie der greise König Neptun auf seinem Thron. Auf die Frage, warum er von der Existenz Gottes überzeugt sei, antwortete er: »Weil ich mein ganzen Leben lang Meere der Güte erlebt habe.«

Wenn wir uns auf das Meer einlassen, sind wir in der Gegenwart einer rohen Kraft, die uns lehren kann, unsere eigene Kraft gerecht und großzügig einzusetzen. Das Meer kann zwar unglaublich zerstörerische Kräfte entwickeln, doch sein Wasser, seine Tiefen schenken letztlich Leben. Wie können wir unsere großen Fähigkeiten als Menschen ebenso lebensfördernd zur Geltung bringen?

Ich schaue auf den Pazifik hinaus; ein Lied vom Salz, vom Wind getragen, stürmt auf mich ein. Ich lausche seinem Raunen, und es sagt mir, dass wir großzügige, schöpferische, lebensspendende Wesen sind. Aber wir haben auch die Fähigkeit, zu zerstören.

Wir haben die Wahl.

Die Erkundung der Großzügigkeit

Suche dir einen stillen Ort und lasse alle störenden Gedanken los. Wenn dein Atem einen gleichmäßigen Rhythmus angenommen hat, hast du in einen ruhigen, meditativen Zustand gefunden. Lege dir nun die Hand aufs Herz oder fühle sanft deinen Puls. Lausche dem einzigartigen Lied deines Herzens, das von Liebe und Sehnsucht erfüllt ist.

Lasse dann die Hände im Schoß ruhen und spüre still in das Meer des Geistes, das in deiner Tiefe wohnt. Fühle seine Kraft und Schönheit. Es enthält die Möglichkeit für so viel Großzügigkeit wie für unglaubliche Zerstörung.

Wofür entscheidest du dich?

Wie wirst du wissen, dass du es gewählt hast?

Welche Gaben von diesem tiefen Ort willst du weitergeben?

Schreibe die Antworten in dein Tagebuch.

Das Verlassen der Flüsse und Meere

Diese Seelenlandschaft fordert uns auf, unsere tiefsten Sehnsüchte und Bedürfnisse zu erkunden. War sie für dich ein natürlicher Ort, in den du eingetaucht bist und an dem du gespielt hast? Oder fühlte sie sich überwältigend an? Welche Erfahrung hast du gemacht?

Wenn du diese Seelenlandschaft verlässt, überlege, welche Strömungen an dir zerren. Vielleicht möchtest du dich manchen hingeben, während du gegen andere ankämpfst. Manche Aspekte machen dir vielleicht noch zu viel Angst, um sie näher zu erkunden.

Beurteile deine Reaktionen nicht, sei einfach neugierig, während du tiefer in die Weisheit der Flüsse und Meere eintauchst.

Was hast du über deine drängendsten Wünsche und Sehnsüchte gelernt?

Was willst du noch wissen? Oder sein?

Lasse jetzt alle klaren Erkenntnisse, die du gewonnen hast, an die Oberfläche steigen, damit du sie in deinem Tagebuch festhalten kannst.

Teil 4

Berge

Ich werde in der Sprache der Berge
zu dir sprechen,
antworte mit der Festigkeit der Steine.

... es gibt keine Erhabenheit wie jene der Berge.

John Muir

Sie erheben sich zu schneebedeckten Höhen und schneiden in den Himmel. Im Sonnenlicht erinnern sie an die Erhabenheit von Kathedralen. Götter des Planeten, ragen die Berge auf, den Himmel zu berühren. Sie formen die Landschaft, beeinflussen das Wetter, bilden Grenzen zwischen Ländern und lenken den Fluss des Wassers. Sie sind Anker und Symbole und heilige Stätten. Über Meilen zu sehen, geben uns die höchsten Gipfel Orientierung.

Bekannt unter vielen Namen – Himalaya, Rocky Mountains, Karakorum, Tien Shan –, gestalten Gebirge Räume in unserer Seele. Im Alten Griechenland gab es für den mächtigen Gott Zeus, der den Olymp beherrschte, fast hundert Bergkulte; die heiligen chinesischen Berge sind Stätten machtvoller Erdkräfte; für die Indianer, die auf oder nahe an erhabenen Bergen leben, sind diese Stätten heilig. Heimat von Drachen und Gottheiten, lassen uns die Berge erschauern; sie erschrecken und begeistern uns.

Berge sprechen unsere innere Kraft an, die Welt nach dem auszurichten, was uns wirklich etwas bedeutet. Ohne Gebirge würde die Erde in endloser Eintönigkeit verflachen. Ohne das Bedürfnis, nach großen Höhen zu streben, wäre unser Leben gleichfalls langweilig. Stelle dir eine Welt vor, in der du nie nach einer Vision greifst. Stelle dir eine Welt ohne Träume vor.

Wenn wir nach unserer vollen Lebendigkeit suchen, ziehen wir in die Berge. Denn das Leben in den Bergen ist ein großes Abenteuer. Mit ihren Gefahren und Herausforderungen, auch Rückschlägen und Opfern, geben uns die Berge etwas Heldenmütiges. Hier entfalten wir uns unter Druck; wir haben keine Angst davor, gesehen oder erkannt zu werden und unser Schicksal in die Hand zu nehmen.

Berge werden durch vieles geformt – durch Vulkanausbrüche oder das Aufeinanderstoßen von tektonischen Platten oder durch die Erosion der Gletscher – und genauso können sich die Gründe, warum wir in die Berge gehen, grundlegend unterscheiden. Vielleicht ist es Wut, die uns aufbringt, und wir werden von äußeren Kräften langsam geformt, oder es geht uns wie Heidi Kühn – einer Frau, die ich bei einem Treffen einer kleinen Gruppe von Umweltschützern kennenlernte – und stellen fest, dass unser Leben auf etwas stößt, was die Landschaft unseres Seins vollkommen verändert.

Heidi hat es so beschrieben: Als Prinzessin Diana starb und sie von ihrem Engagement gegen Landminen erfuhr, brach in Heidi etwas auf. Sie wusste sofort, dass sie etwas *tun* musste. Also gründete sie die Organisation »Roots of Peace« (Wurzeln des Friedens) mit dem Ziel, Minen gegen Pflanzen auszutauschen, um »totes« Land in Afghanistan in friedliche grüne Obstgärten zu verwandeln. Das hatte Heidi eigentlich gar nicht vorgehabt, doch als das Schicksal sie rief, folgte sie ihm bereitwillig. Heute ist *Roots of Peace* in zahlreichen Ländern tätig, darunter Kambodscha, Irak und Afghanistan, wo die Organisation in Kabul kürzlich fünfzehntausend Bäume gepflanzt hat.

Doch viele von uns hören nicht auf den Ruf der Berge. Zwar wissen wir, dass wir dieses Buch schreiben oder unseren gemütlichen Job für eine sinnvolle Arbeit aufgeben sollten, *aber*… Eine Klientin von mir, die als Firmenberaterin arbeitete, bekam immer Höhenangst, wenn sie daran dachte, ihrer spirituellen Berufung zu folgen. Wenn sie ihre spirituellen Überzeugungen in ihre Arbeit einbringen wollte, wurde ihr schwindlig, und sie musste sich hinlegen. Sie erlebte ihre Angst vor der Höhe als Schwindel und Verlust des Gleichgewichts, als einen Blick aus großer Höhe.

Je höher der Berg hinaufreicht, desto dicker die Erdkruste, die ihn trägt. Um in unsere Fülle hinaufzuwachsen, müssen wir im Wesensgrund stark sein. Diejenigen, die ohne feste Grundlage, auf der sie aufbauen können, raketenhaft Ruhm erlangen, enden häufig in Selbstzerstörung. Vielleicht müssen wir unseren Aufstieg hinausschieben, bis wir innere Standfestigkeit spüren oder ein stabiles Netz von Unterstützern um uns aufgebaut haben – oder bis wir im Herzen wissen, dass die Zeit reif ist.

In jedem Fall fängt die Suche bescheiden und genau dort an, wo wir sind. Wir bewegen uns auf etwas hin, was wir erreichen oder leisten wollen. Wir steigen Stufe um Stufe hinauf. Wir zeigen uns. Wir erfahren, aus welchem Stoff wir gemacht sind. Die Vision wächst, und wir vernehmen einen weiteren Ruf. Wir steigen immer weiter hinauf zu höheren Gipfeln, größeren Visionen. Dieser Vorgang baut unsere spirituellen Muskeln auf.

Wenn wir die Kraft des Berges erreicht haben, werden wir wahrhaftig und echt. Wir haben mehr Einfluss auf die Welt. Wenn wir den Kurs halten, stehen wir irgendwann vor unserem Mount Everest – unserer äußersten Lebendigkeit – dem Berg aller Berge. An diesem schroffen Ort, an dieser tückischen Bergwand, fallen sogar die Götter auf die Knie. Doch wenn wir es auf den Gipfel schaffen, werden wir schweben.

Oben auf dem Gipfel breiten wir die Arme weit aus. Wir fliegen. Wir sehen die Welt aus einer neuen Perspektive – einer, die sich uns vorenthält, wenn wir uns den Gefahren und Anforderungen des Aufstiegs nicht stellen. Das ist der »Inspirationspunkt« unseres Seins. Hier wissen wir, dass wir aus einem bestimmten Grund hier sind. Wir erkennen, dass sich alles in unserem Leben gefügt hat, um uns hier herzubringen: erlöst und eingebunden zugleich.

Kapitel 21

Festigkeit

Gehe in einen Stein.
Das wäre meine Art.

Charles Simic

Lame Deer, der Medizinmann der Sioux, sagte einmal: »Jeder Mensch braucht einen Stein, der ihm hilft... Tief in dir muss es ein Gewahrsein der Steinkraft, der Geister in ihm geben, denn sonst würdest du sie nicht aufheben und streicheln.«[1]

Was berühren wir, wenn wir einen Stein berühren? Was ist es, das wir suchen? – Ist es unser eigenes Gewicht, unsere Substanz? Spüren wir im glatten Granit, der sich an unsere Daumen schmiegt, die Struktur und die Körnung, die wir enthalten? Berge und Steine sind die Knochen der Erde. Versuchen wir, an die Knochen zu kommen, die uns ausmachen – an den Ort der »Steinkraft« in unserem Inneren?

An einem glühendheißen Augusttag besuchte ich die Menhire von Carnac an der Küste von Morbihan im Südosten der Bretagne. Die über dreitausend Jahre alten stehenden Steine, die in verschiedenen Reihen angelegt sind, schimmerten über der flimmernden Landschaft. Einige waren Dolmen, andere schlank wie Baumstämme. An den Orten, an denen in der Vorzeit Menschen lebten, finden sich noch viele megalithische Bauwerke wie diese, etwa in Stonehenge.

Die unglaubliche Arbeit, diese Felsen zu behauen und dort hinzubewegen, die unzähligen Helfer, der Schweiß und die Hingabe, die diese heiligen Stätten möglich machten, können wir uns kaum vorstellen. Das Ergebnis ist ein beeindruckender Tanz aus Substanz und Schatten, Sternenlicht und Sonnenwenden. Diese »Geiststeine« verbinden uns mit dem großen, kreisenden Kosmos – dem Reich der Götter.

Noch heute berichten viele meiner Workshopteilnehmer, dass sie Steine sammeln. Kristin beschrieb einen Stein, den sie beim Fahrradfahren am Straßenrand gefunden hatte. Er sprach sie so sehr an, dass sie auf der Stelle anhielt. Später kam sie mit dem Auto und nahm ihn mit nach Hause, wo er zum Eckstein ihrer Feuerstelle im Garten wurde.

Sie schrieb: »Ich dachte daran, wie der Stein viele Meilen weit gereist sein mochte, bis er im Straßengraben landete, und dass ich ihm einen Platz an meinem Außenkamin geben wollte. Dort würde er in Sonne und Regen, im Mondschein und gelegentlich in der Hitze der Flammen baden. Das erinnerte mich an meinen Vater, und so saß ich eine lange Zeit in Gedanken versunken da. Ich dachte daran, dass mein Vater immer *mein Fels*, mein Berg war – mit seiner riesenhaften Statur von eins-einundneunzig. Ich spürte durch den Stein heilkräftigen Beistand.«

Im Oktober 1989 hob und senkte sich der Boden wie Meereswellen unter meinen Füßen. Ein Erdbeben von 7,1 auf der Richterskala erschütterte San Francisco und schleuderte mich wie eine Stoffpuppe hin und her. Ich befand mich im vierten Stock des alten Phelan-Gebäudes in der Innenstadt und durchlebte Todesängste, als mir der Boden unter den Füßen schwand, Risse sich durch Wände fraßen, Fenster zerbarsten und die Erde sich aufbäumte. Noch Jahre danach blieb mir beim leichtesten Beben vor Angst die Luft weg.

Wie die Untersuchung der Schäden des Erdbebens ergab, waren die Gebäude, die auf festen Fels gebaut waren, am unversehrtesten geblieben.

»Wörter und Papier ... schienen mir nicht real genug ... Ich musste ein Glaubensbekenntnis aus Stein errichten«, schrieb C. G. Jung, als er die Arbeit an seinem »Turm« aus Stein in Bollingen am Zürichsee aufnahm.[2] Und Jesus verkündete: »[...] auf diesen Felsen will ich meine Kirche bauen.« Grundgestein ist der solide Fels, der den darüberliegenden Erdschichten Halt gibt. Es ist das sichere Fundament, auf dem wir alles bauen – von Kirchen bis zu all den anderen Gebilden unseres flüchtigen Lebens. Wenn wir auf Grundgestein ruhen, ruhen wir gut.

Wenn ich da an das furchtbare Fracking denke, mit dem Erdöl oder Gas gewonnen wird, indem mit Quarzsand versetztes Wasser unter ungeheurem Druck ins Grundgestein gepresst wird, das den Fels aufsprengt und viele Kilometer unter der Erdoberfläche Risse erzeugt. Die Erde erzittert unter dem Angriff. Die Folge davon sind Erdbeben – auch in sonst ruhigen Gebieten. Und birst nicht auch unsere Seele manchmal unter übermäßigem Druck? Und suchen wir unter der Zerrissenheit und dem Leid nicht nach einem festen, starken Ort? Wir müssen daran glauben, dass es tief in unserem Inneren etwas Unverletzliches gibt – etwas Unzerstörbares.

Ich muss an die Geschichte über einen jungen Mann namens Gregory denken, die mir Susan, die ehrenamtlich psychisch Kranke betreut, erzählt hat. Gregory, der unter einer schizophrenen Borderline-Störung litt, hatte Angst vor spitzen Schuhen. In Susans Worten: »Er ging rückwärts. Um sich vorwärtszubewegen, kroch er am Boden. Er hatte vor fast allem Angst.«

An einem Samstag saßen Susan und Gregory zusammen in einem Innenhof der Universität von Illinois, umgeben von roten Backsteingebäuden. In einer Ecke lag ein großer Haufen kleiner Steine, die von einer Baustelle übriggeblieben waren.

»Schau mal – die vielen Farben da!« rief Gregory aus. Er zeigte auf den Steinhaufen und starrte ihn an, ohne den Blick abzuwenden, wie er es sonst tat. Er war wie gebannt. Susan betrachtete verwundert den Steinhaufen. »Farben?« dachte sie.

Susan erzählte: »Gregory kroch auf den Steinhaufen zu und nahm sich eine Handvoll Steine, dann noch eine. Und dann stand er langsam auf – ein hoher Berg von einem Jungen mit Taschen voller Steine.«

Danach gingen sie zusammen nach Hause.

Die Erkundung der Festigkeit

Die Indianer hatten Medizinbeutel, in denen sie Ahnensteine verwahrten. Diese Steine waren Führer, denn sie enthielten uraltes Wissen.

Mache dir aus einem kleinen Säckchen oder Täschchen deinen eigenen Medizinbeutel. Suche dir einen Beutel aus (oder nähe dir einen), der sich für dich intuitiv richtig anfühlt. Wähle fünf bis zehn Steine mit derselben Intuition aus. Lege sie auf deine Hand und bewundere ihre Form und ihre glatte Oberfläche, ihre Farbe und Textur. Nur Steine, die sich richtig anfühlen, gehören in deinen Medizinbeutel.

Schreibe über jeden Stein, den du dir ausgesucht hast, etwas in dein Tagebuch. Beschreibe seine Form, Textur, Größe und wie er sich in der Hand anfühlt.

Wer sind diese Steine?

Was für eine Energie haben sie?

Welches Wissen enthalten sie?

Was sagen sie dir über das, was in dir dauerhaft und unzerstörbar ist?

Wie fühlst du dich, wenn du sie bei dir trägst?

Erkunde diese Fragen in deinem Tagebuch.

Kapitel 22

An die Grenzen gehen

Ich muss diesen Berg besteigen,
und niemand wird mich aufhalten...

David Ignatow

Wuchtig aufragend, können Berge sich viele Tausend Meter über die sicheren Rocksäume der Baumgrenze erheben. Hier walten die Winde und Elemente wild, ihnen steht nichts im Wege. Wenn du deine Komfortzone verlassen willst, besteige einen Berg. Berggipfel liegen bloß, sie sind allem preisgegeben.

1995 wurde ich kurzfristig von einer Freundin eingeladen, an einer Trekkingtour durch den Himalaya teilzunehmen. Noch ohne an die Umstände, die Kosten gedacht zu haben, sagte ich zu. Von außen gesehen, war das vielleicht gedankenlos oder gar leichtsinnig. Mein Konto war leer, und mein Chef war auch nicht gerade erfreut. Doch ich sah das anders. Mit fast vierzig, kurz nach der Trennung von meinem zweiten Mann und ohne Kinder, die mir einen respektablen Anstrich gegeben hätten, fühlte ich mich als Versagerin. Ich musste mein Leben umkrempeln.

Meine Höhenangst bereitete mir Sorgen. Ich habe dann das Gefühl, ich würde von der Leere aufgesogen. Wenn ein Skilift, in dem ich sitze, stehenbleibt, muss ich mich sehr zusammenreißen, um nicht vor Angst durchzudrehen. Obwohl ich die Berge seit jeher liebe, hatte ich mich ihnen noch nie richtig ausgesetzt und war auch noch nie höher als zweitausendvierhundert Meter gewesen. Ich hatte keine Ahnung, was mich in Nepal erwartete, und hoffte nur, dass die Wege breit wären und ich nicht in Schreckstarre verfallen würde.

Was ich nicht erwartet hatte, war das Wetter, das im November noch sommerlich sein sollte.

Am vierten Tag unserer Wanderung zog ein Sturm auf, als wir auf über 4200 Metern Höhe lagerten. Graupel trommelte wie Bleikugeln gegen mein Zelt, und der starke Wind ließ neben mir andere Zelte einstürzen. Unsere Gruppe kauerte sich in einem nahegelegenen Teehaus zusammen, wo es warm und trocken war. Nach zwei Tagen klarte der Himmel auf. Wir wurden von einem strahlend blauen Himmel und einem atemberaubenden Blick auf die Annapurna-Kette geweckt, deren schneebedeckte Gipfel in der frühen Morgensonne rosa glühten. Wir konnten weiterziehen.

Wir hatten knapp unter der Schneegrenze gezeltet, doch nun machten wir uns in eine Höhe von über 5000 Metern auf. Der Hang war steil, schneebedeckt und glatt. Immer wieder kämpften wir uns bis zu den Oberschenkeln durch dichte Schneeverwehungen. Wir legten in einem schlichten Stupa aus Stein, dessen Gebetsfahnen vor dem tiefblauen Himmel flatterten, eine Rast ein und erfuhren, dass einer unserer Träger den Abhang hinuntergestürzt und ernsthaft verletzt war. Er musste in sein Dorf zurückkehren. Allmählich dämmerte uns, dass wir buchstäblich unser Leben riskierten, wenn wir weitergingen.

JP, unser nepalesischer Führer verschwand, um sich um den Träger zu kümmern und zu sehen, ob er Hilfe holen könnte. Seine ganze Ausrüstung bestand aus einem schwarzen englischen Regenschirm mit einem gebogenen Holzgriff, den er als Wanderstock benutzte. Wir waren auf diese extremen Verhältnisse in keiner Weise vorbereitet. Nach einer Stunde kam JP zurück; er brachte eine deutsche Reisegruppe mit, die Seile und Klettereisen dabei hatte. Sie unterbrachen ihre Tour und halfen uns über den nächsten Abschnitt des Berges, bis wir unterhalb der Schneegrenze zum Gosainkunda-See hinabsteigen konnten. In ihren kühlen Blicken sahen wir ihre Geringschätzung für unsere Stümperhaftigkeit.

Anfangs war es ein eher leichtes Gehen. Wir verfielen in einen stetigen Rhythmus; das einzige Geräusch war das Knirschen von Stiefeln im Schnee. Dann kam die Reihe ins Stocken. Vor uns lag eine schwindelerregend steile Felswand, die einen halben Kilometer breit war und viele Hundert Meter tief in den Abgrund führte. Die Deutschen gingen voraus.

Außer den Trägern hinter mir war ich die Letzte. Ich achtete auf jeden Schritt und ging in den Fußstapfen vor mir. Unter mir wirbelten Wolken, von denen sich einige gelb in der Sonne aufbauschten, und der Himmel war tiefblau, fast schon schwarz. An den Stellen, an denen der schmale Grat sich noch mehr verengte, brachten die Deutschen Kletterseile an. Sie sagten uns, dass die Seile höchstens das Gewicht zweier Menschen tragen könnten. Ich schaute den anderen zu, wie sie die Strecke von ungefähr sechzig Metern zurücklegten; sie neigten sich nach innen, der frische Trampelpfad war kaum breiter als eine Stiefellänge. Sie hielten sich mit beiden Händen an den Seilen fest, so dass sie sich daran festklammern und Halt finden konnten, falls ihre Füße abglitten.

Ich zog die Handschuhe aus, um mich besser am Seil festhalten zu können. Ohne Mittagessen und mit nassen, kalten Füßen war ich schon etwas wackelig und in Gefahr zu stolpern. Ich holte tief Luft, schickte den Berggöttern ein Stoßgebet und tat den ersten Schritt. Das Seil fühlte sich in meinen Händen gut an; es schien mich nicht nur körperlich, sondern auch seelisch an der Bergwand zu verankern. Als ich die halbe Strecke hinter mich gebracht hatte, dachte ich: *Wenn ich ruhig bleibe, schaffe ich es.* In diesem Augenblick bewegte sich das Seil ein Stück von der Felswand weg.

Ich schaute über die Schulter zurück. Drei unserer Träger zerrten wie wild am Seil; das ganze Gewicht ihrer Rucksäcke hing an den

Eisenhaken, die das Seil hielten. Wenn sie halten sollten, musste ich das Seil loslassen. Ich legte meine Hände an den Berg und presste meinen Leib so fest wie möglich an den massigen Leib des Berges. Jeder Schritt war quälend langsam, und mein Körper war gespannt wie ein Drahtseil. Raben krächzten laut, noch in dieser Höhe. Ich spürte die Bergkante unter meinem Stiefelabsatz. Wenn ich um ein weniges fehltrat, würde mein Fuß keinen Halt mehr finden – nur den weiten Himmel. Wie leicht es wäre, vom Antlitz der Erde zu fliegen!

Als ich eine Viertelstunde später einen breiteren Abschnitt des Pfades erreicht hatte, wurde mein ganzer Leib von Adrenalin geschüttelt.

Später, unterhalb der Schneegrenze in Gosainkunda und taumelig vor Erleichterung, erheiterten wir eine Gruppe britischer SAS-Soldaten – eine der härtesten Truppen der Welt – mit unserem Abenteuer. Sie hatten denselben Weg, wenn auch in entgegengesetzter Richtung. »Verdammt!« sagte einer von ihnen. »Wir sind wieder umgekehrt – es war uns zu gefährlich.«

Ich verließ die Gruppe und ging nach draußen. Über mir schüttete die Milchstraße eine Lawine von Sternen über den schwarzen Hang der Nacht. Ich dachte darüber nach, warum wir Menschen selbst in der heutigen Zeit der Bequemlichkeiten immer noch das Bedürfnis haben, uns den Gefahren der Berge auszusetzen. Als ich allein in der kristallklaren Nacht dastand, hatte ich keine Ahnung, was mich bei meiner Rückkehr zu Hause erwartete. Ich wusste nur, dass ich, wie die Raben, die uns den ganzen Tag begleitet hatten, und in den Worten Rilkes »mein Leben in wachsenden Ringen, die sich über die Dinge ziehn«,[1] leben wollte.

Der Berg hatte mich über meine Grenzen hinausgebracht. Auf eine Weise, die ich erst noch entdecken sollte, würde sich mein Leben erweitern.

Die Erkundung des An-die-Grenzen-Gehens

Bist du jemals ein Risiko eingegangen und hast dabei deine Komfortzone verlassen? Wie hast du die Lage eingeschätzt, bevor du das Risiko eingegangen bist? Was hast du dir eingeredet, was passieren würde?

Nachdem du deine Komfortzone verlassen hast, was hast du herausgefunden? Was hast du durch das Eingehen des Risikos und das An-die-Grenze-Gehen über dich gelernt?

Wenn du über die Antworten nachdenkst, erstelle eine Liste von mindestens fünf Risiken, die du jetzt einzugehen bereit bist. Dies kann alles sein – von einem Berufswechsel oder einer Rede, die du hältst, bis hin zur Äußerung deiner Meinung oder einer körperlichen Herausforderung wie das Besteigen eines Berges!

Frage dich dann: »Wie werde ich mich fühlen, wenn ich diese Risiken eingegangen bin?« Schildere deine Erfahrungen so, als wärst du die Risiken schon eingegangen.

Schreibe deine Risikogeschichte in dein Tagebuch.

Kapitel 23

Achtsamkeit

Oh, der Geist, der Geist hat Berge…

Gerard Manley Hopkins

Berge sind uralte Wesen; sie waren schon lange vor den Menschen da. Einen hohen Berg aus Granit zu betrachten heißt, an der Wiege der Erdgeschichte und am Beginn einer Wirkungskette zu stehen, die weit über den Raum und die Zeit hinausreicht.

Mit meinem vollbepackten Rucksack kann ich kaum gerade stehen. Ich steige zu unserem Basislager hinauf, wo wir uns auf die Besteigung des Mount Shasta in Kalifornien vorbereiten. Mein Rucksack fühlt sich an, als wäre er voller Steine, und der Weg ist an manchen Stellen so steil, dass ich das Gefühl habe, ich würde gleich auf den Rücken fallen und wie ein Käfer mit den Beinen strampeln, um mich wieder aufzurichten. Ich muss langsam und vorsichtig klettern. Ich verlagere mein ganzes Gewicht auf ein Bein, während das andere ruht; eine Gangart die »Rastschritt« genannt wird. Diese Technik wird schon lange von Gebirgsbewohnern verwendet. Ich tue einen Schritt, halte inne, gleiche meinen Atem dem Schritt an, passe mich dem Rhythmus des Berges an.

Mein damaliger Freund, mit dem ich erst wenige Monate zusammen war, hatte mich zu dieser Klettertour eingeladen. Seinen

Freunden widerstrebte es, mich mitzunehmen; sie glaubten, ich würde nicht mithalten können, und fürchteten, ich könnte die Gruppe aufhalten und daran hindern, den Gipfel zu erreichen.

Einer aus der Gruppe war immer weit voraus: Er wollte unbedingt beweisen, dass er den Gipfel des Mount Shasta, der um die 4250 m hoch ist, besteigen konnte, was wir am dritten Tag der Tour schaffen wollten. Doch schon am zweiten Tag machte er schlapp und klagte über Würgereiz und Kopfschmerzen, Anzeichen der Höhenkrankheit.

In großer Höhe, den Elementen ausgesetzt, kann die einfachste Unachtsamkeit – einen Handschuh oder den Halt verlieren oder zu schnell gehen – schlimme Folgen haben. Schon die kleinsten Dinge können zwischen Leben und Tod entscheiden. Die Berge verzeihen keine Fehler.

Vor dem Einschlafen im Zelt denke ich an das, was Aldo Leopold, einer der Väter der modernen Ökologiebewegung, aus seinen Bergtouren gelernt hat. Jung und mit dem Drang, draufloszuballern, trafen seine Freunde und er auf ein Rudel Wölfe. Da man ihnen beigebracht hatte, dass weniger Wölfe mehr Wild und eine ergiebigere Jagd bedeuten, schossen sie und töteten eine ältere Wölfin. Als sich Leopold dem sterbenden Tier näherte, sah er »ein glühendes grünes Feuer, das in ihren Augen erlosch«. In diesem Augenblick wurde ihm klar, dass weder die Wölfin noch der Berg seine Tat guthießen.

Von dem Tag an beginnt Leopold, »wie ein Berg zu denken«, die langfristigen Folgen seines Tuns und jenen Verbindungsfaden zu berücksichtigen, den wir in dem Moment nicht immer sehen können. Er erkannte, dass mit dem Verschwinden der Wölfe sich das Wild vermehren und den Berg überweiden würde. Der Berg würde seinen Bewuchs verlieren und das Wild verhungern.[1]

Die Berge, uralt und von Dauer, bieten eine langfristige Perspektive. Gewöhnlich sehen wir Achtsamkeit nur in Bezug auf den Augenblick. Doch das Bewusstsein der Berge zeigt, dass jeder Augenblick zu weiteren, unendlich wichtigen Augenblicken führt;

dass ein gerissener Schnürsenkel am Berg eine ganze Kette von tragischen Folgen nach sich ziehen kann; oder dass das Bestehen (oder Nichtbestehen) einer wichtigen Prüfung oder ein freundliches Wort Wirkungen haben kann, die sich weit über das Hier und Jetzt hinaus fortsetzen. Wenn du in die Berge gehst, solltest du darüber nachdenken, wie jeder Moment der Achtsamkeit dich in die Weite von Zeit und Raum führt. Deine Entscheidungen im Hier und Jetzt können in der Zukunft gewaltige Konsequenzen haben.

Die Irokesen wissen das. Ihr Rat trifft seine Entscheidungen auf der Grundlage des Wohlergehens der siebten Generation. Die Irokesen denken nicht nur an ihre augenblicklichen Bedürfnisse oder eigennützigen Wünsche. Ihre Gesetze sind angelegt, dem ganzen Stamm und seiner Zukunft für die nächsten einhundertundvierzig Jahre zu dienen. Auch sie denken wie ein Berg.

Heute sind wir dabei, eine der ältesten Gebirgsketten der Erde zu zerstören: die Appalachen. Wir roden uralte Wälder, tragen das Erdreich ab und sprengen bis zu zweihundertvierzig Meter von den Bergkuppen weg. Diese ganze Zerstörung, um auf »effektive Weise« mehr Kohle abzubauen, die dann auch noch die Luft verschmutzt, führt zu kurzfristigen Gewinnen einiger weniger. Diese Taten können nie mehr ungeschehen gemacht werden. Diese Berggipfel sind für immer verschwunden – für den Rest des menschlichen Daseins auf der Erde.

Manche der Abhänge des Shasta waren so steil und vereist, dass wir uns, wenn wir gefährliche Gletscherspalten überquerten, zusammen anseilen mussten; jeder von uns war auf die anderen angewiesen. So erreichten wir den Gipfel. Die meisten von uns waren noch bis vor ein paar Tagen Fremde für mich gewesen, doch jetzt gingen wir in einem Rhythmus, atmeten wie ein Körper, vereint und verbunden. *Pause, ein Schritt, Pause.*

Sind nicht auch wir mit allen anderen Wesen verbunden, durch Zeit und Raum und eine Vielzahl von Verbindungen verknüpft, die wir kaum entwirren können und dennoch so gut wir können achten müssen? Wir müssen vorsichtig auftreten, langsam gehen, achtsam vorankommen.

Weniger lässt der Berg nicht zu.

Die Erkundung der Achtsamkeit

Mache dir gemächliche meditative Spaziergänge in einer Gegend, die dir gefällt, zur Gewohnheit, und seien es nur fünf Minuten. Nimm alles in dich auf.

An manchen Tagen legst du den Schwerpunkt aufs Berühren, an anderen aufs Riechen oder Schauen. An manchen Tagen richtest du dein Gewahrsein einfach nur so gut wie möglich auf die Gesamtheit der Umgebung. Jeden Tag denselben Gang zu unternehmen, sich auf Veränderungen und Unterschiede einzustimmen, kann eine tiefgehende Erfahrung sein. Mit der Zeit wirst du dir nicht nur deiner Umgebung immer bewusster, sondern auch, wie sich deine Gegenwart auf alles um dich herum auswirkt. Alles ist von Bedeutung: Wohin du trittst, wie schwer dein Schritt ist, sogar das, worauf du achtest.

Nimm dir nach jedem achtsamen Spaziergang einen Augenblick Zeit zu überlegen: »Wie wirken sich meine täglichen Handlungen heute und in Zukunft auf mein und das Wohlergehen der ganzen Erdgemeinschaft aus?«

Halte die Gedanken in deinem Tagebuch fest.

KAPITEL 24

Sichtweise

Man steigt auf, man sieht. Man steigt ab, man sieht nicht mehr, sondern hat gesehen.

René Daumal

Wenn wir einen Berg besteigen, sehen wir die Dinge anders. Die Luft wird dünner; Licht, Farben und Geräusche haben eine größere Klarheit. Was einst unsichtbar war, wird offenbar.

Was ist es, was du jetzt siehst?

Mein erstes Buch, *Embrace Your Inner Wild*, erschien 2011. Es war das Ergebnis meiner Zusammenarbeit mit dem Wildtierfotografen Don Moseman. Ich möchte dir seine Geschichte erzählen.

Von seinem neunzehnten Lebensjahr bis Mitte fünfzig war Don über dreißig Jahre im Zuchthaus San Quentin in der Bucht von San Francisco, einem der härtesten Gefängnisse des Landes und das einzige in Kalifornien, das einen Todestrakt hat. Don verbrachte viele Stunden des Tages in seiner Zelle und schaute durchs Gitter auf den Mount Tamalpais, den stattlichen Berg, der Marin County überragt. Don beschloss, nach seiner Entlassung zum Gipfel dieses Berges hinaufzusteigen. Und im Jahr 1989 tat er das auch.

Oben auf dem Gipfel streckte Don die Arme aus. Ihm war, als würde er die ganze Bucht in Händen halten. Das Licht spiegelte sich im Wasser, wurde von den Hochhäusern von San Francisco zurückgeworfen und überzog den fernen Horizont mit einem sanftem Schimmer. Als Don sich umsah, wurde ihm klar, dass er noch nirgends gewesen war und noch nichts gesehen hatte. Er hatte den größten Teil seines Lebens im Gefängnis verbracht.

Der Mount Tamalpais ist nur 784 Meter hoch. Für einen Berg ist das recht niedrig, doch als Don nach oben kletterte, veränderte sich alles. Seine Sicht auf die Welt – und seine Lebensträume – wurden umfassender.

Don ging zu seiner Zwölf-Schritte-Gruppe, die ihm half, trocken zu bleiben. Es war ihm gleich, wie weit die Treffen weg waren, welche Entfernungen er dafür zu Fuß zurücklegen musste. Von San Francisco nach San Mateo zu laufen, eine Strecke von fünfundzwanzig Meilen, war für ihn nichts Ungewöhnliches. Doch das war erst der Anfang. Er ging viel weiter; er durchquerte ganz Amerika zu Fuß – nicht einmal, sondern dreimal. Das brachte ihm seinen Spitznamen »Walkin' Don« ein. Er schlief unter den Sternen und im Regen, wanderte auf staubigen Wegen, lief die Sohlen vieler Paare Schuhe durch und lebte Tausende von Meilen das große Leben. Indem er sich geschworen hatte, einen Berg zu besteigen, hatte sich Dons Sicht auf sein Leben erweitert. Nun erstreckte sie sich bis zum fernen Horizont.

Mehr als jede andere Landschaft, verändern die Berge unsere Sichtweise. Was wir am Fuß des Berges sehen und wissen, ist nicht das, was wir auf seinem Gipfel sehen und wissen. Hier über der Baumgrenze weitet und verbreitert sich die Sicht; hier werden wir dem Alltag enthoben und empfangen eine neue Vision.

Viele Jahre, nachdem der berühmte Naturwissenschaftler John Muir Mount Ritter bestiegen hatte, fragte er sich in seinem Tagebuch, warum das Licht auf dem Gipfel des Berges nach einem schwierigen Aufstieg so viel heller wirkte. Seine Antwort: »... die Anwesenheit von Gefahr rief ihn ins Leben.« Die Besteigung des Mount Ritter erhellte Muirs Leben dauerhaft – das Wissen, was er gesehen und überwunden hatte, um auf dem Gipfel zu stehen. Dasselbe galt auch für Don und seine Besteigung des Mount Tamalpais.

An den steilsten Orten wird der Charakter geschmiedet.

Beim Bergsteigen beweisen wir uns, dass wir die Kraft haben, etwas zu leisten. Und dabei wird uns eine neue Vision geschenkt, welche uns ohne die Anstrengungen des Aufstiegs, die Höhe des Berges oder die Reinheit der Luft nie zugänglich gewesen wäre.

So, wie wir die Dinge sehen, so geben wir unserem Leben einen Sinn. Es prägt, was wir denken, fühlen und glauben. Manchmal habe ich mich so festgefahren und so blind für den nächsten Schritt gefühlt, dass ich den Berg an unserem Haus buchstäblich hinaufgerannt bin, nur um die Dinge anders zu sehen. Manchmal brauchen wir körperlich die Sicht aus großer Höhe, um unser Leben in einem neuen Licht zu sehen.

Dies ist kein Egotrip – der Wunsch, die Erfolgsleiter zu erklimmen –, sondern die Reise der Seele. Ein echtes »Gipfelerlebnis« ist durchaus frei von Selbstbezogenheit. Wir besteigen den Berg nicht, um die Welt zu erobern, sondern um die höhere Ebene – und damit die höhere Perspektive – *in uns* zu erreichen.

Ich habe Don schon oft seine Geschichte erzählen gehört. Er ist für das Leben, das er heute hat, dankbar und staunt selbst darüber. Er lacht gern darüber, dass er es vom Häftling zum Fotografen geschafft hat – das ist eine schöne Kletterei! Schließlich ist ein Fotograf jemand, der seine einzigartige Sicht auf die Welt in Bilder umsetzt. Heute hat Don eine erstaunlich große und weite Sicht auf das Leben – eine, die er großzügig mit anderen teilt, um sie zu inspirieren, darunter auch jene, die noch hinter Gittern sitzen.

Vor all den Jahren in jener Zelle hätte sich Don nie vorstellen können, was er heute erreicht hat: Er ist seit vielen Jahren trocken, hat Hunderte von Freunden, ist ein begabter Fotograf und tief mit der Natur verbunden. Als er auf dem Gipfel des Mount Tamalpais stand, hatte er zwar nicht all das vor Augen, doch eines bin ich mir sicher: Indem er das Risiko einging, indem er über sich hinauswuchs, indem er seine winzige Zelle verließ und dem Ruf des höchsten Berges weit und breit folgte, fand er heraus, dass sein Leben anders verlaufen konnte.

Manchmal brauchen wir den Blick vom Gipfel, um mit den Augen der Seele zu sehen.

Die Erkundung der Sichtweise

Nimm voll und ganz den Blickwinkel eines Berggipfels ein, der so hoch ist und so weit sieht. Um in die Stimmung zu kommen, kannst du eine Treppe, einen hohen Hügel oder sogar einen Berg hinaufsteigen.

Dann stelle dich einfach hin, aufrecht mit geradem Rücken, nimm ein paar tiefe Atemzüge und spüre in dein Bergsein hinein. Dies ist der Teil von dir, der eine höhere Sicht auf dein Leben hat.

Wenn du spürst, wie sich deine Sicht erweitert, nimm dein Tagebuch und schreibe aus der Perspektive des Berggipfels über dein Leben. Was siehst du von diesem Platz im »großen Bild«? Was ist dir hier offenbar, was dir im Trubel des Alltags nicht zugänglich ist?

Beginne die Aufzeichnung deiner Überlegungen mit den Worten: »Was ich sehe, ist… «

Kapitel 25

Demut

... ein Gipfel kann dieselbe unwiderstehliche Anziehungskraft ausüben wie ein Abgrund.

Théophile Gautier

Es wird die Zeit kommen, da du auf der Suche nach deiner höheren Berufung dem Ruf der Berge folgst. Du hast einen Traum, den du verwirklichen willst, oder spürst das Verlangen, den hochfliegenden Geist deines höheren Selbst kennenzulernen. Du willst das Göttliche in dir berühren. Doch die Berge stellen sich dir entmutigend und schwindelerregend hoch in den Weg. Wie wirst du sie erklimmen?

Für John Muir waren die Berge um die Tuolumne Meadows in der Sierra Nevada ein heiliger Ort mit hohen Gipfeln, die die harte Trennlinie zwischen Himmel und Erde durchbrachen. Er schrieb oft über die Berge, besonders über seine Besteigung des Mount Ritter.

Als Muir den Mount Ritter bestieg, verließ er das Vertraute: Die Landschaft war nun baumlos, das fröhliche Gezwitscher der Spatzen eine ferne Erinnerung. Umgeben von Granit und Stille, empfand Muir sowohl tiefe Ehrfurcht als auch ein überwältigendes Gefühl des Alleinseins, so wie wir alle es vielleicht in den bedeutendsten Augenblicken unseres Lebens spüren.

Beim Aufstieg stand Muir irgendwann vor einer scheinbar »unüberwindlichen Felswand«. Er war wie gelähmt. Da er weder weitergehen noch zurück nach unten klettern konnte, schien sein »Schicksal besiegelt«. Dann schreibt er: »Mir war, als wäre ich plötzlich von einem ganz neuen Gefühl ergriffen. Das andere Selbst, vergangene Erfahrungen, Instinkt oder Schutzengel – wie auch immer man es nennen will – kam zum Vorschein und übernahm die Führung. Selbst wenn ich auf Flügeln davongetragen worden wäre, hätte meine Erleichterung nicht vollständiger sein können.«[1]

John Muirs Kletterpartie gründete auf seiner grenzenlosen Liebe zu den Bergen – seiner tiefen Verehrung der Sierra Nevada und seiner Demut vor ihr. Was ist diese tiefe Liebe und Demut, welche dir die Götter zum Beistand ruft, wenn du dich einem unüberwindlichen Hindernis gegenübersiehst? Was (oder wer) wird dir helfen, deine Ängste zu überwinden und das Unmögliche zu schaffen?

Wenn du die Leistungen anderer bestaunst oder dich fragst, wie du es geschafft hast, eine echte Herausforderung zu meistern, eine neue Fähigkeit zu erlernen oder für eine wichtige Sache einzutreten, dann kannst du sicher sein, dass du von einer mehr-als-menschlichen Kraft getragen wirst.

In dem Augenblick, in dem Muir dem schon fast sicheren Tod ins Auge sieht, ist es nicht so wichtig, ob er überlebt oder nicht. Wäre er gestorben, dann wäre er in den Tod gestürzt, als er den Weg ging, den er am meisten liebte, auf dem Berg, den er am meisten liebte.

Einer höheren Berufung zu folgen, bedeutet immer eine Art von Tod. Du musst loslassen, was deiner Seele nicht länger dient. Alte Überzeugungen müssen auf dem Weg geopfert werden. Die Reise ist gefährlich. Du kannst scheitern, Leid erfahren, alles verlieren. Aber du kannst, wenn du auf den Pfaden der Götter gehst, in dir auch eine Anmut und Größe entdecken, von der du bisher nichts geahnt hast.

Und auch dabei musst du dir deine Leichtigkeit bewahren.

Wir sind nicht dazu geschaffen, in großen Höhen zu leben. Dort ist die Luft zu dünn. Menschen, denen der Abstieg schwerfällt, sind jene, die göttliche Kräfte für ihre eigenen halten, sie klammern sich an den Gipfel. Sie glauben, sie wären aus eigener Kraft ganz oben angekommen, und sie hätten es verdient, in diesen exklusiven Höhen zu bleiben. Doch der Gipfel kann niemals wirklich erobert werden. Wir können das Reich der Götter zwar betreten, doch wir können nicht einer von ihnen werden.

Der Kailash in Tibet wird als so heilig angesehen, dass allein den Fuß auf seine Flanken zu setzen, bedeutet, die Götter herauszufordern und tödliche Gefahr auf sich zu laden. Den Berg zu besteigen, wäre ein Sakrileg. Wir würden damit unsere Seele berauben. Wenn wir nur vom Ego getrieben klettern, verlieren wir gleichfalls ein Stück unserer Seele. Und wenn wir die Spitze erreichen, ist die Macht, die wir ausüben, unweigerlich böse.

Wenn wir unseren Aufstieg etwas Größerem als unserem persönlichen Ehrgeiz weihen, dann klettern wir voll Demut. So wird unsere Reise zu einer heiligen – ganz gleich, ob es darum geht, Karriere zu machen, unser wahres Selbst zu finden oder eine bessere Welt für unsere Enkel zu schaffen. Wenn wir den Gipfel erklommen haben, ruhen wir dort in Dankbarkeit aus, im Bewusstsein all der Hilfe, die uns auf dem Weg zum Erfolg zuteil geworden ist.

Wenn du in Demut hinaufsteigst, wird auch der Abstieg leichter.

Wenn du den Berg mit derselben Liebe und Achtsamkeit hinabsteigst, mit der du ihn hinaufgestiegen bist, lernst du, dich auf der Lotrechten frei zu bewegen und flexibel mit den Höhen und Tiefen des Lebens umzugehen. Den Berg achtsam abzusteigen bedeutet, dir die Zeit zu nehmen, zu integrieren, was du auf dem Gipfel gelernt hast, damit du diese höhere Weisheit in deinen Alltag einbringen kannst.

Du bist vielleicht kurze Zeit niedergeschlagen, wenn du wieder in die dunklen Abgründe deiner Seele hinabsteigst. Das ist nach einem »Hoch« nichts Ungewöhnliches. Es ist schlicht Teil der Reise.

Begegne auch den Tiefen mit Leichtigkeit, dann wirst du feststellen, dass alle Orte gleich heilig sind.

Du wirst erkennen, ob du im Himmel, auf Erden oder in der Unterwelt bist, wenn du in Demut und Aufrichtigkeit gehst, sind die Götter immer an deiner Seite.

Die Erkundung der Demut

Rufe dir in Erinnerung, wie du einmal »geführt worden« bist, als du, körperlich oder seelisch, eine schwierige Situation meistern musstest. Was war der »neue Sinn«, der dich erfasst hat? Was glaubst du, hat dir geholfen? War es dein höheres Selbst, deine früheren Erfahrungen, deine Instinkte, dein »Schutzengel« oder etwas ganz anderes?

Fühle, berühre, schmecke und verkörpere die Erfahrung ganz, wenn du sie zu Papier bringst.

Wenn du eine solche Erfahrung noch nie hattest, halte dir einfach eine Situation vor Augen, die dich gerade beschäftigt, und schreibe etwas darüber in dein Tagebuch. Stelle dir vor, wie dir geholfen werden könnte. Von welchem »neuen Sinn« möchtest du ergriffen werden?

Ob du nun über ein tatsächliches oder ein vorgestelltes Ereignis schreibst, denke als nächstes über diese Fragen nach:

Was ist die Natur des Berges, der mich ruft?

Welches Hindernis stellte sich mir in den Weg, wortwörtlich und in übertragenem Sinn?

Wer oder was waren die Unterstützer auf meiner Reise?

Wer oder was gibt mir Kraft?

Was macht mich demütig?

Wenn du die Antworten in dein Tagebuch geschrieben hast, lasse die Einsichten, die du gewonnen hast, noch einen Moment in dir nachklingen.

Kapitel 26

Reibung

Große Dinge werden getan, wenn Menschen und Berge aufeinandertreffen…

William Blake

Die Erdplatten bewegen sich. Sie rutschen ab, stoßen zusammen, Vulkane brechen aus. Erst durch die Freisetzung gewaltiger Kräfte wird das Land in seine großartige Form gebracht. Spannung kann sich über Hunderte oder Tausende von Jahren aufbauen, und je länger sie anhält, desto mehr Energie ist da, um das Land zu erschüttern und zu verändern.

Afrika schiebt sich in die südliche Spitze Europas, und die Alpen heben sich. 2005 hat ein Erdbeben in Pakistan den mächtigen Himalaya mit dem höchsten Berg der Erde um fünf Meter angehoben. Der Ausbruch des Krakatau im Jahr 1883 schleuderte Bimsstein fast fünfundfünfzig Kilometer hoch in die Atmosphäre, der zehn Tage später fünftausenddreihundert Kilometer weiter wieder auf die Erde regnete. Das Erdbeben von 2011 in der Nähe der Ostküste Japans bewegte die Hauptinsel um erstaunliche zweieinhalb Meter.

Die Kraft der Erde liegt nicht in ihrer Starrheit, sondern in ihrer anhaltenden Dynamik; sie ist energiegeladen, rastlos, schöpferisch und zerstörerisch. Wenn sich Druck aufbaut, sucht etwas Neues den Durchbruch. Energie findet sich da, wo es Widerstand gibt.

Auch wir Menschen sind feurig und entflammbar, mit Leibern so heiß wie ein Ofen und so stark wie Felsgestein. Doch vielen von uns macht das Ausdrücken von Wut – oder jeder anderen Form offener Macht – Angst. Man hat uns beigebracht, Zorn und Leidenschaft zu unterdrücken. Oder unsere aufgeheizten Gefühle können fehlgeleitet werden und in körperlicher Aggression statt spiritueller Kraft münden. Wenn uns andere Leute und bestimmte Situationen gegen den Strich gehen, fliegen die Funken. Widerstand verursacht Reibung. Er entflammt uns. Etwas entzündet unsere Vorstellungskraft, und dann sind wir Feuer und Flamme.

Linda, eine Teilnehmerin an meinem Workshop, hat es so ausgedrückt: »Das Äußere des Berges ist zwar wunderschön, doch mein Aufstieg muss dem innersten Wesen des Berges entsprechen. Ich muss zulassen, dass Magma in mir aufsteigt.«

Wenn wir etwas bewirken wollen, müssen wir Zugang zu unserer inneren Stärke haben. Martin Luther King Jr. und Mahatma Gandhi verstanden, wie man Berge versetzt: Eine unbezwingliche Kraft trifft auf eine unbewegliche Sache. Ihre Art des gewaltlosen Widerstands traf auf die veraltete und starre Denkweise ihrer Zeit und veränderte die gesamte Topografie unserer Welt.

Die Tatsache, dass viele von uns im Widerspruch zur heutigen Weltsicht stehen, ist beängstigend und elektrisierend zugleich. In allen Ecken der Welt bringen Menschen auf kreative Art neue Lebensweisen zum Ausdruck. Wir spüren die Unruhe und das Chaos, die großen Veränderungen vorausgehen. Die Weisheit der Berge sagt uns, dass nichts auf der Erde fest ist; die Zukunft bildet sich ständig neu.

Du magst im Leben mühelos vorankommen, doch solange du nicht auf Widerstand triffst, wirst du kaum deine innere Stärke finden. Wenn du Konflikten ständig aus dem Weg gehst, wenn du willst, dass immer alles angenehm ist und alle dich lieben, wirst du dir wahrscheinlich nie deiner inneren Stärke bewusst werden.

2010 wollte ich zusammen mit dem Wildtierfotografen Don Moseman ein Buch mit ökologischen und spirituellen Gedanken und

Bildern selbst herausbringen. Ich hatte Monate damit zugebracht, aus mehreren Tausend seiner wunderschönen Fotos die Bilder fürs Buch zusammenzustellen und sie mit meinen Reflektionen zu kombinieren. Ich war von dem, was wir gemeinsam geschaffen hatten, ganz begeistert. Und dann kam der Schlag: Don gestand mir, dass seine Festplatte den Geist aufgegeben hatte und dass sich keines der Originalfotos wiederherstellen ließ.

Ich stand neben mir. Mit jeder Faser meines Körpers hatte ich geglaubt, dass dieses Buch Teil meiner Mission sei. Ich hatte so hart daran gearbeitet, hatte alles richtig gemacht – oder dachte es zumindest – und dann *das*. Mitten in meiner Verzweiflung hatte ich folgenden Traum:

Ich stehe hoch oben auf einem schmalen Bergpfad. Vor mir wirft ein strafender Gott mit weißem Vollbart Felsbrocken herunter und versperrt mir damit den Weg. Ich habe mich mein ganzes Leben lang vor ihm gefürchtet. Doch jetzt bin ich so wütend, dass es mich nicht kümmert. Ich schreie ihn an: »Es ist mir total egal – du hältst mich nicht auf!« Sein Blick ist zwar wild und zornig, doch mein eigener Zorn ist größer. Ich lasse mich nicht aufhalten.

Ich wachte innerlich ruhig und friedlich auf. Dann bat ich Don, hinauszugehen und neue Fotos zu machen. Wir würden das Buch fertigstellen. Alle Bilder in *Embrace Your Inner Wild* wurden innerhalb eines Jahres gemacht. Am Ende des Jahres hatten wir nicht nur einen wunderschönen Bildband, sondern auch einen Verlag. Das Buch erschien im November 2011.

Mein Traum stellte eine grundlegende Veränderung für mich dar. Da ich keine Kinder haben konnte, hatte sich in mir die Überzeugung festgesetzt, ich sei es nicht wert, etwas zu gebären. Ich fragte mich, ob vielleicht ein unversöhnlicher Gott mich strafen wollte, und in einem Winkel meines Herzens glaubte ich, dass auch das

Buch eine Missgeburt werden würde. Doch als das Buch unwiederbringlich verloren schien, stand etwas in mir auf. Ich war endlich bereit, mich meiner Scham zu stellen und meine mich sabotierenden Gedanken, die mir im Weg standen, loszulassen.

Reibung befeuert unsere Seelenreise. Sie setzt eine erstaunliche Menge an Energie frei, die das Potential für neue Möglichkeiten schafft. Wie die Erde auch, gehen wir auf und ab und erneuern uns. Erst dann setzen wir den ersten Schritt auf *terra nova* – das neue Land unseres Lebens.

Die Erkundung der Reibung

Suche dir draußen in der Natur einen Platz, stelle beide Füße fest auf den Erdboden, die Beine ungefähr hüftbreit auseinander. Straffe deinen Rücken und ziehe sanft die Bauchmuskeln ein. Stehe hoch erhoben wie ein Berg da.

Wenn du bereit bist, hebe die Arme langsam hoch über den Kopf und reibe die Handflächen aneinander. Fühle die Wärme, die durch die Reibung entsteht. (Wenn du die Arme nicht über den Kopf heben kannst, reibe sie einfach auf eine Weise, die dir angenehm ist.)

Wenn du einen Wechsel deines Energielevels bemerkst und die Wärme spürst, die durch die Reibung deiner Handflächen entstanden ist, beginne einen kurzen Tagebucheintrag mit den Worten:

»Ich bin der Berg, der…«

Lasse alles zu, was an die Oberfläche drängt, ohne es zu bewerten.

Wenn du mit dem Schreiben fertig bist, lasse dir das, was du über dein Bergselbst herausgefunden hast, noch einmal durch den Kopf gehen.

Kapitel 27

Einfluss

Ich hoffe, sie können dich nie beeinflussen, Wetter …

May Swenson

Ich stand oben auf dem Mount Shasta, als der Sturm losbrach. Die Wolken verdunkelten sich so lila wie drei Tage alte blaue Flecken, und der heulende Wind zog auf dem Berg ein und kroch mir unter die Haut. Blitze zuckten. Ein Blitz schlug ganz nah ein, es roch verbrannt, und ich hatte einen metallischen Geschmack auf der Zunge. Mir standen die Haare zu Berge, und die Gesichter meiner Freunde schimmerten kreidebleich in der aufgeladenen Luft. Wir mussten vom Berg herunter – und zwar schnell. Die Luft spuckte Feuer, und doch zögerte ich. Ich spürte die reine Energie des Himmels und des Berges mich durchpulsen; ich war ekstatisch, zu Tode erschrocken und sehr lebendig.

Die Berge schaffen sich ihr eigenes Wetter. Wenn Luftströmungen auf Berge stoßen, werden sie emporgedrückt und kühlen beim Aufsteigen ab. Wolken bilden sich, es regnet, es schneit. Steile Berghänge werden zu reißenden Fluten, die das Tal überschwemmen. Auf der windabgewandten Seite des Berges liegt der Regenschatten: trocken, staubig, wüstenartig.

Berge formen die Landschaft, nicht nur, weil sie sich über sie erheben, sondern auch, weil ihr Standpunkt felsenfest ist.

Wenn wir an unseren Überzeugungen festhalten, lernen wir, kraftvoll zu tanzen. Echtheit ist Stärke. Wenn wir im Einklang mit unserer wilden Seele leben, machen wir unser eigenes Wetter. Wir summen vor Leben. Wie der Wind, ist auch Energie nur durch ihre Manifestation in der materiellen Welt sichtbar. Sie kann als reinigende Brise oder als schneidende Bö erscheinen. Sie kann mitten ins Herz treffen oder Ruhe vermitteln. Das hebräische Wort für Wind – *ruach* – bedeutet auch Gott, Atem, Geist. Energie besitzt die Macht, Dinge zu erheben und anzuregen oder sie niederzureißen. Und doch, wenn wir nicht in Verbindung mit unserem tiefsten Selbst sind, ist es schwer, sie klug zu nutzen.

Manchen fällt es sehr schwer, ihr Leben auf ihren eigenen Werten zu gründen statt auf ihren vermeintlichen Pflichten. Beschäftigt zu sein, ist zu einem Gebot des modernen Lebens geworden. Ständig produktiv zu sein, verschafft uns die Wertschätzung unserer Umwelt, auch wenn es sich so anfühlt, als würden wir immer weiter wegrutschen. Was die Sache verschlimmert, ist, dass unsere Schulen und Arbeitgeber sich offensichtlich nur für jene Teile von uns interessieren, die kommerziell verwertbar sind. Die Gesamtheit dessen, wer wir sind, – unser eigentliches Selbst – wird missachtet, damit ein kleiner Teil unserer Leidenschaft und unserer Intention ausgenutzt werden kann. Aufgespalten und zerrissen, rackern wir uns ab, tun immer mehr und schaffen es nicht, eine größere und reichere Persönlichkeit zu werden. Und unsere Fähigkeit, die Welt positiv zu beeinflussen, rückt in immer weitere Ferne.

Doch was wäre, wenn echte Stärke weniger mit Machen zu tun hat, sondern vielmehr damit, zu wissen, wer man ist?

Berge offenbaren jene Kraft, die mit Integrität einhergeht – mit Ganzheit und Vollständigkeit. Die Basis und der Gipfel des Berges sind beides Teile eines zusammenhängenden Systems. So wie jeder Teil von uns – Körper, Geist und Seele – zu uns gehört. Wenn wir integer leben, leben wir nach einem Kodex von festen Werten, und dann ist jede Seite von uns Ausdruck unseres wahren Wesens. Einer meiner Workshopteilnehmer drückte es so aus: »Das Emporwachsen und das Verwurzeln scheinen Gegensätze zu sein, aber der Berg enthält beide Wahrheiten.«

Jahrhundertelang machten sich die Mystiker, die sich in den Bergen niederließen, nichts aus dem alltäglichen Getriebe der Zivilisation. Sie bewohnten das Rückgrat der Erde und lebten, dem Kern ihres Wesens nahe, in Gebet und Meditation. Das ist das Wesen der Berge: eine Kraft im Inneren –Einfluss, der aus der Tiefe der Seele kommt. Wenn wir mit unserer dynamischen Kraft verantwortlich umgehen wollen, müssen wir den unbekannten Berg unseres Selbst erkunden. Dann müssen wir uns bis ins Mark ergründen.

Auf dem Gipfel des Mount Shasta, als starke Energiewellen mich umgaben und durchzogen, spürte ich eine reine Kraft, die ihre eigene Sprache hatte, wohltönend und wirklich und im Herzen des Berges verwurzelt. Wenn diese Urkräfte uns umtosen, wenn wilde Winde und wütende Stürme uns durchschütteln, können wir lernen, für uns einzustehen. Wenn wir uns selbst treu bleiben, entdecken wir unsere innere Kraft, Energien zu verwandeln und umzulenken, und indem wir das tun, verändern wir auch die übrige Welt.

Denn letztendlich meißelt das Wetter, das wir erschaffen haben, uns, gestaltet uns mit der Zeit, damit der Kern unseres Wesens offenbar wird. In den Worten von Li Po, dem Dichter aus dem achten Jahrhundert:

Wir sitzen zusammen, der Berg und ich,
bis nur der Berg übrig ist.[1]

Die Erkundung von Einfluss

Achte zu unterschiedlichen Tageszeiten auf deinen Schatten… vor dir, hinter dir. Gehe und schaue, wie dein Schatten über alles gleitet… Er fällt auf eine Blume; ein Pflasterstein wird dunkelgrau; der Boden kühlt im Vorbeigehen ab.

Und es ist nicht nur der Boden, der berührt wird. Alles zwischen deinem Leib und dem Leib der Erde wird durch deine Anwesenheit beeinflusst: die Luft, Insekten, Blütenstaub, Wassermoleküle.

Wir beeinflussen fortwährend alles um uns herum, die ganze Zeit, ob wir uns dessen bewusst sind oder nicht.

Denke beim Weitergehen gelöst über diese Fragen nach:

Auf welche Weise würde ich gerne etwas beeinflussen?

Wie würde das aussehen?

Auf welchen Werten würde es gründen?

Auf wen oder was würde es sich auswirken?

Schreibe deine Antworten ins Tagebuch.

Die Berge wieder verlassen

Nachdem du Zeit in den Bergen verbracht hast, fühlst du dich innerlich gestärkt und bist dir deiner Fähigkeit, etwas in der Welt zu bewirken, bewusster?

Was ist deine größte Herausforderung?

Was begeistert dich am meisten?

Wer müsstest du werden, um dein Bergwesen voll und ganz zu verkörpern? Was würde dir ermöglichen, die höchste Vision deiner selbst und deines Lebens zu erreichen?

Zwar ist niemand dazu gemacht, lange auf dem Berggipfel zu leben, doch die Weisheit, die wir in den Bergen finden, kann in unserem Leben und in der Welt tiefgreifende Veränderungen bewirken.

Lasse dir für den Abstieg aus den Bergen Zeit und denke dabei darüber, was du jetzt in dein Leben bringen und verwirklichen willst.

Teil 5

Grasland

Ich werde in der Sprache des Graslandes
zu dir sprechen,
antworte mit deinem Begrünungslied.

Der Weltgeist will nicht fesseln uns und engen,
Er will uns Stuf' um Stufe heben, weiten.

Hermann Hesse

Die Steppen Asiens, die Pampa Südamerikas, die Tundra Nordeuropas, die Prärien und Hochebenen im Herzen von Nordamerika, das Weideland Australiens und die riesigen afrikanischen Savannen, aus der die Menschheit stammt, Heimat der großen Wanderherden und der ersten Jäger und Sammler: Das Grasland breitet sich auf der Erde aus und bedeckt ein Viertel ihrer Oberfläche.

Grasland ist das Feld der Möglichkeiten und Hoffnungen. Es lebt in unserer Vorstellung und in unserer Literatur: Walt Whitmans *Grashalme*, Willa Cathers *Meine Antonia*, Laura Ingalls Wilders *Unsere kleine Farm*, das riesige Trockenbecken in John Steinbecks *Früchte des Zorns*, die Geschichten der Siedler, die durch ein Meer aus Gras gen Westen zogen.

In der Geschichte des Graslandes steckt die Saat des harten Lebens, doch auch die der Gemeinschaft, des fruchtbaren Landes und der welligen Hügel, die uns willkommen heißen. In sonnenbeschienene Wiesen und saftigen Tälern, weit weg von dunklen Bergen und unheimlichen Wäldern, lassen wir uns nieder, bauen unsere Siedlungen und lernen, das Land zu hegen und zu pflegen und alles, was uns etwas bedeutet.

Auf der mythischen Ebene steht das Grasland auch für den Ort, an den der Held zurückkehrt. Im Grasland kehren wir zur Gemeinschaft zurück, um die Saat unserer neu erworbenen Weisheit zu säen und zum Wohle aller weiterzugeben. Zugleich bringt die Rückkehr – wie bei jeder Heldenreise – Herausforderungen mit sich. Wie können wir das neugewonnene Wissen einbringen? Wie können wir nach unseren großartigen Abenteuern wieder in den Alltag zurückfinden? Wie werden unsere Gaben angenommen?

Wie die Prärien, die den offenen Raum und ausgedehnte Freiheiten ins Gleichgewicht bringen mit der tiefen Verwurzelung der Gräser – viele Hundert Pflanzenarten, die zu einem wechselseitig verbundenen Ganzen verwoben sind –, verlangt das Grasland, dass wir ein Gleichgewicht zwischen einem Leben als eigene und einzigartige Wesen und als Teil der Gemeinschaft finden.

Hast du den Wunsch, einen Lattenzaun zu errichten und dir einen kleinen gemütlichen Ort zu schaffen, den du dein Zuhause nennen kannst, und dazu ein Stückchen Land, das du bepflanzt und hegst? Oder sehnst du dich danach, wie die Jäger und Sammler und andere Umherziehende über grenzenlose Weiten zu wandern? Das Grasland lässt beides zu, solange wir ein Leben führen, das der gesamten Gemeinschaft dient.

Wenn du mit der Seelenlandschaft des Graslandes haderst, bist du womöglich jemand, dem die schlichte, gleichförmige Sorge um den Lebensunterhalt schwerfällt. Wie oft fängst du etwas an, ohne es zu Ende zu bringen? Hast du deinen Boden gut bestellt? Verlierst du die Geduld, bevor du ernten kannst, was du gesät hast? Wir müssen zwar nicht an einem bestimmten Ort festsitzen, aber wir müssen uns auf etwas im Leben festlegen – etwas, das mehr ist als nur wir selbst –, um ganz zu werden, um unsere einzigartigen Gaben in die Welt einzubringen.

Wenn wir das Grasland erkunden, entdecken wir Wege, wie wir selbst aufblühen und zugleich unsere Gemeinschaft befruchten können. Wie lassen wir unsere Dankbarkeit wachsen? Wie bringen wir mehr Licht in unseren Geist? Wie lernen wir, mit der Leichtigkeit und Natürlichkeit wilder Prärieblumen zu gedeihen?

Wenn wir uns im Grasland ansiedeln, sind wir mit uns und dem, was wir dem Leben zu bieten haben, im Frieden. Dann nehmen wir unsere Gaben und legen sie in fruchtbaren Boden, wo ihre Samen aufgehen und wo wir blühen und gedeihen können – zum Wohle aller.

Kapitel 28

Zugehörigkeit

Gib alle anderen Welten auf –
außer jener, der du angehörst.

David Whyte

Jeden Tag kommen die Präriehunde (eine Art Erdhörnchen) vor der Morgendämmerung aus ihren Höhlen. Sie legen die Pfoten wie im Gebet aneinander, stehen da und betrachten zwanzig bis dreißig Minuten lang den Sonnenaufgang. Abends wenden sie sich der untergehenden Sonne zu und legen wieder die Pfoten aneinander, während sie völlig bewegungslos zusehen, wie die Sonne untergeht und die Nacht hereinbricht.

Einen ganzen Sommer lang beobachtete die Schriftstellerin Terry Tempest Williams in Utah die Rituale einer kleinen Gemeinschaft von Präriehunden, Tiere des Graslandes. Als sie sie besser verstand, schien es ihr, als würden sie ihrem Platz in der Welt Ehrerbietung erweisen, etwas, das wir in unserem gebrochenen Leben verloren haben. »Was wissen sie, was wir vergessen haben?« fragt Williams.

Ich gehe mehrmals in der Woche einen Weg durch offenes Grasland. Vor ein paar Tagen fiel mir etwas auf. Ein paar Hundert Meter entfernt – eine dunkle Gestalt. Vielleicht ein Stein, dachte ich. Doch wie war er dort hingekommen? Das Gras um die Gestalt herum war grün, von den Resten des Goldes des Sommers durchzogen. Ich konnte die feinen sich kreuzenden Wechsel erkennen, die Kojoten und andere Tiere gezogen hatten, die dieses Gebiet durchstreifen. Der braune steinähnliche Umriss saß wie ein Schlusspunkt am Ende eines der Pfade. Vielleicht ein Reh? Ich näherte mich vorsichtig, lautlos über die feuchte Erde.

Als ich noch knapp zwanzig Meter entfernt war, hob sich der braune Stein langsam und bedächtig. Dann tauchten zwei Ohren auf, gefolgt von zwei wachsamen Augen, und schließlich stand da ein kräftiger junger Rotluchs.

Je mehr ich das Tal mit den Steilwänden, Pacheco Valle, in dem ich lebe, kennen und lieben lerne, um so mehr offenbart es sich mir. Helmspechte, trabende Kojoten, singende Gräser und Schwärme wilder Schwalben im frühen Frühjahr sind Geschenke dieser Vertrautheit; so, wie wir die Haut eines geliebten Menschen kennen und lieben lernen – jede Narbe, Vertiefung und Rundung, die uns mit der Zeit und mit jeder Berührung vertrauter werden.

Wie mir eine befreundete Landschaftsarchitektin sagte, finden wir einen Ort schön, wenn wir uns ihm zugehörig fühlen – als Teil von ihm. Was ist es, das deine Seele unerklärlich und magisch in bestimmte Gegenden zieht? Wo gehörst du hin? Welche Orte prägten dich? William Faulkner erklärte, möge er auch noch so viel schreiben, er könne sein »briefmarkengroßes Stück Heimaterde«[2] nie völlig ausschöpfen. In jedem von uns steckt »Heimaterde« – der Platz, der unsere Gedanken, unsere Erfahrungen und den Austausch mit der Welt am stärksten prägt.

Die Wurzeln des Graslandes wachsen in die Tiefe und Breite, weben unter der Erde eine unermessliche Tapisserie aus Fasern. Wenn wir auf ein Meer aus Gras hinausschauen, sehen wir nur die Spitze der Lebenskraft: Der Großteil der Biomasse der Prärie befindet sich unter der Erde. Und es ist diese tiefe Verbundenheit mit dem Erdreich, die die Prärien kräftig und lebensfähig macht. Das

Grasland lehrt uns, dass es überlebenswichtig ist, verwurzelt zu sein. Alles, was nicht verankert ist – ein herrenloser Gegenstand, ein flach wurzelnder Baum – wird weggeweht.

Als der Pflug in die Prärie kam und man begann, den Boden zu umbrechen, schnitt er tief ein und riss verfilzte Wurzeln aus dem fruchtbaren Boden. Manche protestierten dagegen; sie hielten es für Wahnsinn und sagten voraus, dass wir den Boden verlieren würden, wenn wir die Wurzeln herausrissen. Und sie sollten Recht behalten. Nur wenige Jahrzehnte später wüteten berghohe Staubstürme über die weiten Ebenen im Süden; im April 1935 zog einer sogar durch Nebraska, den Mittleren Westen und weiter bis Washington, D.C. Der Boden der Prärie, der seinen Halt in den Graswurzeln verloren hatte, begann seine eigene große Wanderung. Und schon bald folgten ihm die Okies, wie die Präriefarmer genannt wurden.

Und hat die heutige Welt nicht aus uns allen Löss (vom Wind verwehte Erde) gemacht? Sind nicht auch wir entwurzelt, seit das Gewebe der Verbundenheit dem Getriebe unserer modernen, mobilen Großstadtgesellschaft zum Opfer fiel? Einkaufszentren stehlen einem Ort nicht nur seine Identität, sondern behandeln auch uns wie seelenlose, bedeutungslose Wesen; alles, was sie von uns wollen, ist unser Geld. Wenn wir den Charakter eines Ortes zerstören und ihn durch die Beliebigkeit von Gleichförmigkeit und Anonymität ersetzen, werden wir einsamer, weniger eingebunden und weniger Teil des Gewebes des Lebens.

Das Volk der Lakota, der große Stamm der Prärieindianer, kannte den Ausdruck »Mitakuye Oyasin«. Das heißt »alle meine Verwandten«. Wenn wir an einem Ort leben, den wir kennen und lieben, dann hält und unterstützt uns jedes Mitgeschöpf dort. Dann sind wir nie allein.

So lautet das Lied des Graslands: wechselseitig verbunden und verwandt, eng verknüpft. Das ist eine Gemeinschaft von Frauen, die sich treffen, um miteinander zu nähen; von Nachbarn, die sich zusammentun, um beim Bau eines neuen Hauses zu helfen. Es ist das

Teilen von Werkzeug und Nahrung. Es ist die gemeinsame Arbeit auf dem Feld und das Feiern als Familie. Es sind die Präriehunde, die in der Erde leben, eng beieinander in sehr sozialen Gemeinschaften. Es sind die Hände, die wir falten, um Danke zu sagen für die Heimaterde – das Stückchen Boden – zu dem jeder von uns gehört.

Die Erkundung der Zugehörigkeit

Nimm dir früh am Morgen und spät am Abend ein paar Minuten Zeit, still dazustehen, tief zu atmen und wie die Präriehunde die Hände aneinanderzulegen und dabei für deinen Platz auf der Welt Dank zu sagen. Wenn du an einem Platz lebst, wo du dich nicht heimisch fühlst, wird diese Übung dich wahrscheinlich Überwindung kosten. Doch wenn du deiner Dankbarkeit für die Sonne, die Luft, die Erde unter dem Asphalt, die Lichtflecken auf dem Rasen oder die Schönheit eines Sonnenuntergangs Ausdruck verleihst, kann das dir helfen, das Verhältnis zu deiner Umgebung zu verwandeln – sei es ein enges städtisches Umfeld oder mit mehr Natur.

Schreibe als abendliche Übung auf eine Dankbarkeitsliste alles, was deine Heimaterde dir an diesem Tag geschenkt hat, ganz gleich, wie klein oder scheinbar unbedeutend es auch sein mochte. Wenn du es dir zur Gewohnheit gemacht hast, diese Dankbarkeit zu empfinden, schaue: Empfindest du ein stärkeres Zugehörigkeitsgefühl? Wenn ja, wie erfährst du dieses Gefühl?

Kapitel 29

Sinnlichkeit

und dein eigen Fleisch soll ein großes Gedicht sein…

Walt Whitman

Ich kann damals nicht viel älter als fünf Jahre gewesen sein. Das Gras wuchs mir über den Kopf, und hoch droben erstreckte sich der dichte blaue Himmel wie ein Zelt. Ich sah einer dicken Hummel zu, die sich in den Blütenstaub der Sonnenblumen hineinschlängelte, als würde sie darin baden. Aus der Ferne rief mich die Stimme meiner Mutter zum Abendbrot, während ich mit der schwülen, von Insekten summenden Wärme eines Spätsommertags auf einer englischen Wiese verschmolz.

Im Rückblick glaube ich, dass das weiche Gras Englands mein erster Geliebter war, der mir zeigte, dass mein Körper auf sanfte, langsame Berührungen reagiert, auf die Vibrationen von Klang, auf Geflüster auf meiner Haut – auf die kitzelnde Berührung der Grashalme.

Aber wie viele von uns betten sich noch auf die Erde?

Sinnlichkeit wurzelt in Intimität und entfaltet sich durch Nähe. Wir vergraben uns tief in der mütterlichen Gebärmutter, und später rollen und kriechen wir über den Boden, während wir alles um uns herum berühren und schmecken und riechen. In Berührung mit unserer Sinnlichkeit zu sein, heißt, natürlich aufzublühen und sich mit dem Geist der Schöpfung zu verbinden. Leben entsteht aus Verbindung; es gedeiht aus Vertrautheit und Nähe, so wie wir.

Fern vom dichten Wald und den hohen Bergen, bietet das Gras die vollkommene lichtüberflutete Spielwiese, auf der wir die Beziehung zwischen unserem Körper und dem Leib der Erde erkunden können. Hier ruhen wir im Schoß der Welt; verborgen und geschützt vom hohen Gras, bringen zwitschernde Vögel uns ein Ständchen. Wiesen halten und umhüllen uns im süßriechenden Atem der Erde.

Eben jetzt bin ich von Büschen, Blumen und weichem Gras umgeben. Kolibris, mehr als ich jemals an einem Ort gesehen habe, schwirren umher und blitzen in leuchtenden Farben, und der würzige Duft der Kiefern strömt durch das offene Fenster. Ich bin in einem Refugium für Schriftsteller in Point Reyes, Nordkalifornien. Es ist in jeder Hinsicht der vollkommene Ort, um sich über die Schönheit und Üppigkeit der Wiesen Gedanken zu machen.

Ich nehme mein Tagebuch mit nach draußen, um mich zwischen die Blumen ins Gras zu setzen, mein Gesicht der Spätsommersonne zugewandt. Ich denke darüber nach, wie die Erde Milliarden von Jahren geduldig darauf gewartet hat, dass die Sonnenwärme ihre nackten Knochen durchdringen würde, bis sie endlich zum Leben erwachte. Später spross aus ihrem weichen Fleisch das erste Grün, die ersten bunten Blumen und mit der Zeit auch die Bestäuber, die diese üppigen Blüten über ihren ganzen Körper verteilten.

Blühst nicht auch du unter der Zuwendung der Sonne auf, unter einer sanften, warmen Berührung?

Zu lange haben wir die Weisheit und Bedürfnisse unseres Körpers vernachlässigt. Indem wir die Erde zubetoniert haben, haben wir uns nicht nur von ihrem Körper, sondern auch von unserem eigenen irdischen Körper abgespalten. Wir haben das angeborene Gefühl dafür verloren, was es bedeutet, im Frühling beim ersten Sonnenstrahl aus dem Bett zu springen, in unserem Wesen saftig und grün zu sein.

Der gepflegte Rasen, der erst im siebzehnten Jahrhundert in England aufkam, war der Versuch, die Schönheit der wilden Wiesen oder Waldlichtungen in unseren Alltag zu holen. In Nordamerika vereinten Rasenflächen die Vorgärten zu einem demokratischen, frei fließenden Fluss aus Grün.

Doch auch wenn der Rasen für Entspannung und Erholung sorgen soll, muss er in Wahrheit ständig gewässert, gedüngt und mit Chemie behandelt werden – und er muss gemäht werden! Statt Entspannung fördert er eine puritanische Ethik von Ordnung und harter Arbeit. Er zähmt das Wilde. Er schreit nach Kontrolle.

Wiesen sind anders. Sie blühen natürlich. Sie wachsen und fruchten zu ihrer Zeit, nach ihrem eigenen Rhythmus.

Überarbeitung und Stress sind die Feinde der Sinnlichkeit. Das Wort »Stress« leitet sich vom lateinischen *stringere* ab, was »in Spannung versetzen« bedeutet. Wir sind zwar fieberhaft geschäftig, rennen den Dingen aber immer hinterher, und so verschließen wir uns der Schönheit des Augenblicks und unseres tierhaften Wesens, das sich an den greifbaren, fühlbaren Freuden dieser Welt ergötzt.

Eine Wiese ist eine offene Hand, ein dahingebreiteter Leib.

Als ich gestern Abend von meiner Schreibhütte durch den Garten zum Abendessen ins Haupthaus ging, knabberten zwei kleine Rehkitze gerade an Äpfeln, die in einem Baum hingen. Das Licht war weich, und die Büsche leuchteten. Kolibris surrten wie ausgelassene Engel zwischen den Blumen hin und her und sammelten noch den letzten Rest der Süße des Tages ein. Die Wolken, die die untergehende Sonne wie Zuckerwatte umgaben, warfen zartlila Schatten über die Sümpfe.

Ich blieb stehen und schaute, wie das kleinere Rehkitz auf spindeldürren Beinchen mit knotigen Knien und schimmernder großer schwarzer Nase heranstakste. Es richtete die Ohren wie Satellitenschüsseln auf mich. Seine und meine Neugier brachte uns einander näher; seine weiche Schnauze am gelben Apfel war so nah, dass ich beinahe die süße Säure des Apfels auf meiner Zunge schmecken konnte. Alle Dinge flossen in diesem einfachen Zusammentreffen ineinander, wir befriedigten beide unser Bedürfnis nach Nähe auf die Weise, die uns am vertrautesten ist – indem wir uns an den Körper der Erde schmiegten.

Die Erkundung der Sinnlichkeit

Gehe in einen Park, auf eine Wiese oder Weide. Packe leckere Köstlichkeiten und dein Lieblingsgetränk in einen Picknickkorb. Trage deine bequemsten und buntesten Sachen. Dieser Tag gehört der sinnlichen Erkundung. Berühre die Erde: gehe barfuß, lasse die Finger über Blütenblätter gleiten, spüre den Kuss des Windes und der Sonne. Bade deinen ganzen Körper in der reinen Freude der Naturverbundenheit.

Während du den Tag genießt, nimm dir einen Augenblick Zeit und mache dir zu folgenden Fragen Notizen in deinem Tagebuch:

Was habe ich über meine sinnliche Natur gelernt?

Wie kann ich mehr Sinnlichkeit in mein Leben bringen?

Was würde sich dann vielleicht ändern?

Kapitel 30

Widerstandsfähigkeit

Dieses neue Grün des Frühlings lebt in meinem ganzen Wesen.

Cincie Winters, Workshopteilnehmerin

Der Tag wird kommen, an dem sich etwas in dir aus der winterlichen Erde erhebt. Gras, Stengel, Blätter entfalten sich unter einer Zitronensonne. Der Saft und die Freude der Welt kehren zu dir zurück. Phantasie rührt sich; ein Gedicht steigt auf. Das große Ergrünen der Seele beginnt.

Das spielerisch drängende junge Grün duldet keine Fesseln. Es bricht hervor und breitet sich frei und ungehindert über das ganze Land aus. Es ist dasselbe Gefühl, wie wenn du verliebt bist. Es entspringt in deinem Inneren, pocht in deinem Blut, fließt durch deine Adern. Man erfährt es als Lebendigkeit, als Vorwitz, als Begeisterung. Du kannst es genauso wenig aufhalten, wie eine Wiese das Grün des Frühlings aufhalten kann.

Grün ist die vorherrschende Farbe der Flora und von allem, was in dir am widerstandsfähigsten ist. Es ist die unaufhörlich fließende Ausdruckskraft der Phantasie. Es ist die kreative Energie, die am Anfang des Universums freigesetzt wird und die durch die Sonne auf die Erde strömt, um von den Pflanzen aufgefangen zu werden.

Es ist die Nahrung, die wir essen, der Brennstoff, der uns anfeuert, der Funke, der uns antreibt.

Es war eine alte Frau, die ich auf einer Autorentagung kennenlernte, die mir erzählte, dass sie wohl schon ausgelacht und ausgegrenzt worden sei, aber nichts sie umgebracht hätte, und dass ihre Gedichte immer noch flössen. Es war die Hoffnung, die mich durch das dunkelste Jahr meines Lebens gebracht hat, als ich durch eine Eileiterschwangerschaft ein Kind verlor, mein Vater an einem Lungenemphysem starb und die Verzweiflung in mir immer stärker wurde. Es war meine Seele, schwarz wie die Erde, die sich ihren Weg durch die Dunkelheit zurück ans Licht, zurück zum Grünen und zum Lachen gebahnt hat. Es ist das Wiederaufstehen des Lebenswillens nach einer langen Depression. Es ist die Leidenschaft für das Leben, die wir als Samen in unserem Herzen tragen.

Es ist die einfache Freude, am Leben zu sein. Und unsere Seelen saugen sie auf.

Die Erkundung der Widerstandsfähigkeit

Denke an eine Zeit zurück, als du ausgelassen, voller Ideen und unstillbarer Leidenschaft für das Leben warst. Dies ist ein sehr persönlicher Augenblick in deiner Vergangenheit, wie ein Schnappschuss in einem Fotoalbum, doch mit allen Einzelheiten der Textur, des Duftes und des Gefühls. Schreibe in der ersten Person und in der Gegenwart über dieses Erlebnis und bringe alle Empfindungen ein, die du aufbieten kannst.

Wenn du dein Stück geschrieben hast, denke über diese Fragen nach:

Wie ist die allgemeine Stimmung?

Wer oder was ist da?

Wo bin ich?

Wenn du über die Antworten nachdenkst, schreibe einen kurzen Text darüber, welche Bedingungen herrschen, wenn deine Seele ergrünt.

Kapitel 31

Freiheit

Was das Grasland auch sonst noch sein mag –
Gras, Himmel, Wind – es ist vor allem ein Paradigma für
die Unendlichkeit…

William Least Heat-Moon

Einst waren vierzig Prozent der Fläche Nordamerikas von Grasland bedeckt, das sich von den hohen blauen Gräsern im Osten bis zu den Great Plains erstreckte. Sie waren so riesig, dass man tagelang reisen konnte, ohne dass sich die Landschaft veränderte, und so bekam man das Gefühl, als habe man sich nicht vom Fleck gerührt. Diese Weite reichte Tausende von Meilen in blauen, lila, grünen und goldenen Schattierungen, die sich mit den Jahreszeiten und der Ausbreitung der Kräuter und Gräser veränderten. Dies war ein Raum, der sich in die Unendlichkeit auszudehnen schien.

Die Prärie war das weite offene Feld, auf dem alles geschehen konnte – und wo wir glaubten, wir könnten werden, was wir nur wollten.

Die Abenddämmerung warf purpurne Schatten über das Land, und die Brise ließ die hohen Gräser in der Pampa von Chile rascheln. Es war mein zweiundzwanzigster Jahrestag des Trockenseins. Meine nackten Füße ruhten sich nach unserer vierzehn Meilen langen Wanderung aus, während ich auf einer Bank vor dem *refugio* saß, in dem wir übernachten würden. In der Dämmerung des nächsten Morgens wollten mein Mann und ich den Torres, einen hohen Bergkessel, hinaufsteigen. Während ich friedlich dasaß, dachte ich an die vielen Meilen Pampa, die wir an dem Tag und den vielen Tagen zuvor durchwandert hatten. Mitunter war der Wind so stark, dass er mich wie einen Steppenroller vor sich herschob. Der Himmel, das Gras, die riesigen Entfernungen – berauschend. Die brausende Luft, die einen kopflos machte und einem das irre Gefühl gab, auseinandergepustet zu werden, hatte mich dazu gebracht, in den ohrenbetäubend tosenden Wind hinauszubrüllen. Dieser Wind, hörte ich sagen, treibe viele in den Wahnsinn.

Die Prärie fühlte sich sogar für Walt Whitman bedrohlich an. Eine solche Weite ist in der Vorstellung leichter zu ertragen, als wenn man sie wirklich erlebt. Sein großartiges Werk *Grashalme* war zwar eine Metapher für die amerikanische Demokratie, doch als er die Prärie sah, kam er sofort auf das »Baumproblem« zu sprechen, womit er ihr Fehlen meinte, und schlug vor, gleich ein paar Bäume zu pflanzen. Vielleicht befürchtete Whitman, dass es uns ohne Bäume als Landmarken, an denen wir uns orientieren können, ohne etwas, das dem Auge und dem Geist eine Richtung gibt, geschehen könnte, dass wir unser Gefühl für Teilhabe und Zusammengehörigkeit verlieren.

Doch die wahre Geschichte der Prärie lässt sich nicht begreifen, wenn man nur sieht, was über der Erde ist. Sie wird unsichtbar, doch zuverlässig unter der Oberfläche des Landes geschrieben.

Denn bei aller unbegrenzten Weite gibt es tief innen im Grasland Einschränkungen. Der Reichtum des Landes kommt aus seinem Inneren und wird von jedem einzelnen Mitglied der Gemeinschaft fortwährend genährt und wieder aufgefüllt. Heuschrecken lassen einen kleinen Teil jedes Blattes, das sie fressen, wieder zu Boden fallen. Abgestorbene Wurzeln zersetzen sich und werden mit der Zeit zu Humus. Wenn die Sonne überschüssige Energie liefert, nutzt die Pflanzengemeinschaft diese zur Herstellung und Speicherung von Nährstoffen, die wiederum das gesamte System versorgen. Selbst der kleinste Mistkäfer leistet seinen Beitrag, indem er mit den Hinterlassenschaften der anderen Bewohner den Boden noch fruchtbarer macht.

Über die Jahre haben das Grasland und seine natürlichen Bewohner ein Bodenkapital aufgebaut, das der ganzen Gemeinschaft zugutekommt. Prärien sind deshalb so reich an Klee, Lavendel, Astern, Enzian und Gräsern, weil sie gelernt haben, trotz der Beschränkungen einer semiariden (halbtrockenen) Umwelt zu gedeihen.

Das Grasland lehrt uns, dass echte Freiheit nicht auf Selbstherrlichkeit oder missverstandenem Individualismus beruht – mit denen sie häufig verwechselt wird –, sondern auf der schlichten Hingabe an eine Art zu leben, die unsere innere Tiefe immer weiter kultiviert. Wenn wir bereit sind, erdverbunden, mit einer gewissen Bescheidenheit und im Bewusstsein unserer gegenseitigen Verpflichtungen zu leben, finden wir die Kraft, frei und ganz wir selbst zu sein. Wenn wir echte Freiheit erfahren wollen, müssen wir laufend den Boden unserer Seele aufbauen.

An diesem Abend sah ich von meiner Bank aus zu, wie sich der Mond über den Horizont erhob und die Spitzen der Grashalme entzündete. Auch wenn ich zu weit weg war, um sie sehen zu können, stellte ich mir vor, wie Guanakos – wildlebende zierliche Lamas – im Silberlicht spielten. Ich sprach ein Dankgebet dafür, dass ich trocken war, und dachte an die vielen Jahre, die, wie jetzt die Wege dieses Tages, hinter mir lagen. Ich habe viele, viele Meilen zurückgelegt.

In der Stille jener Nacht, in der der Wind sich erstaunlicherweise gelegt hatte, fiel mir wieder ein, dass ich getrunken hatte, um frei zu sein. Ich hatte ein Leben ohne Regeln und Verantwortungen gewollt. Ich hatte sorglos, ja, sogar riskant gelebt. Ich erinnerte mich an eine heiße Sommernacht auf Malta, betrunken und verliebt. Mein Freund Peter Paul fuhr mit voller Geschwindigkeit die kurvenreiche

Küstenstraße entlang und lenkte nur mit den Füßen. Berauscht von unserem Wagemut und ohne uns der Gefahr für uns und andere bewusst zu sein, rasten wir bedenkenlos durch die Nacht.

Jeder von uns sucht auf seine Weise – ob bewusst oder unbewusst – die Verbindung zu seinem Gefühl der Grenzenlosigkeit: unserer himmlischen Natur. Doch wir sollten dies nicht mit der Auffassung verwechseln, wir könnten alles, was wir wollen – und wann immer wir es wollen – haben oder tun.

Wenn wir unser wahrhaftiges Streben nach der Freiheit, unsere besonderen menschlichen Möglichkeiten auszuschöpfen, mit dem Streben nach materiellen Dingen oder mit Egoismus verwechseln, wissen wir nicht mehr, was es heißt, wirklich frei zu sein.

Mit der Zeit musste auch ich lernen, tagtäglich etwas zu geben – und nicht nur für meine eigenen Bedürfnisse zu leben. Vorher war mir nicht klar gewesen, dass das der Weg zu wahrer Freiheit ist.

Alles, was mir an diesem Abend am Herzen lag – mein Mann, meine Arbeit, das Schreiben, Freundschaften – war mir nicht über Nacht zugefallen. Es hatte Zeit gekostet. Meine innere Kraft und Weisheit hatten sich über die Jahre, in denen ich trocken war, aufgebaut. Ich lernte, bei der Arbeit und in Beziehungen verantwortbare Risiken einzugehen. Ideen reiften und gediehen. Es war eine Freiheit ohne Übermut, und daraus entstand etwas. Wie jener perfekte Abend – die Welt zu meinen Füßen –, als das Mondlicht herabfloss und der Himmel sich ins Unendliche erstreckte.

Am nächsten Tag begannen mein Mann und ich im ersten Dämmerlicht unsere anstrengende Wanderung, die aus der Pampa auf die Anhöhen der Anden führte. Während der Himmel sich von Rosa zu Blau verfärbte, sah ich einen Kondor über uns kreisen; seine Spannweite von drei Metern ist die größte aller auf der Erde lebenden Vögel. Die Aufwinde trugen ihn, und die Kraft seiner Flügel kündete von der Meisterung des freien Raumes, in dem er zuhause ist. Und doch blieben seine Augen stets auf den Erdboden gerichtet.

Die Erkundung der Freiheit

Unternimm einen Gang in der Natur mit der Absicht, allen Pflanzen – Bäumen wie Blumen – Aufmerksamkeit zu schenken. Wenn du soweit bist, wende dich einer bestimmten Pflanze zu. Achte darauf, dass sie blüht, wie sie sollte, in ihren Grenzen.

Denn wenn die Pflanze, die du anschaust, zehn Mal so groß wäre, würde sie dann nicht alles überwuchern? Müsste sie nicht sehr kämpfen, um genug Wasser zu bekommen? Würde sie den Pflanzen in der Nachbarschaft genügend Nährstoffe überlassen?

Denke eine Zeitlang darüber nach, dass sie wohl genau die richtige Größe für ihre Art und ihren Standort hat.

Nun richte den Blick auf dich. Wie kannst du innerhalb der Grenzen, die deine Verantwortung gegenüber den anderen menschlichen und nicht-menschlichen Wesen und den endlichen Ressourcen der Erde dir auferlegt, frei und ganz aufblühen?

Erkunde deine Antworten in deinem Tagebuch.

Kapitel 32

Schönheit

Schönheit erleben heißt, dein Leben zu erweitern.

John O'Donohue

Der Anblick der wilden Blumen im Frühling, eines prächtigen Gemäldes oder eines grandiosen Sonnenuntergangs kann uns den Atem stocken lassen. Auch wenn wir mit Alltäglichem beschäftigt sind, bleiben wir in solchen Augenblicken stehen und schauen uns um, als würden wir gerade aufwachen. Die Beachtung des Schönen weckt unsere Leidenschaften, bringt uns mit dem Wunder des Lebens in Berührung. Wir verlassen eine Kunstausstellung oder eine grüne Wiese begeistert summend und wünschen uns, von allem frei zu sein, was uns behindert und einengt.

Schönheit kann uns helfen, die Kraft zu finden, einen Schritt weiterzugehen oder standhaft zu bleiben. Schönheit verleitet uns, uns zu verlieben, Gedichte zu schreiben, laut zu singen, Kunst zu erschaffen, bis tief in die Nacht zu tanzen oder uns für etwas aufzuopfern, das größer ist als wir selbst. Der Anblick des Gesichts eines geliebten Menschen oder eines goldenen Tals bei Sonnenaufgang kann uns dazu bringen, wichtige Veränderungen im Leben anzugehen.

Die Macht der Schönheit weckt unsere Vorstellungskraft.

Wenn wir uns zu etwas hingezogen fühlen, das wir schön finden, werden wir wie die Biene, die sich ins Herz der Blume schmiegt und dann weiterfliegt, um noch mehr Schönheit auf der Welt zu bestäuben. Schönheit verbindet alles miteinander und zieht uns in einen Kreis aus Beziehungen. Man könnte auch sagen, Schönheit ist ein anderes Wort für Liebe.

Doch wenn wir von Schönheit sprechen, hält man uns oft bloß für idealistisch oder romantisch. Nüchternes Denken kann mit Schönheit nichts anfangen. Es befasst sich mit Gewinn und Wachstum, zieht Einkaufszentren Wiesen und Raketen Museen vor und hält fossile Brennstoffe für wichtiger als frische Luft. Dieses »saubere« Denken ist die Ursache von so viel – innerer und äußerer – Verschmutzung, dass wir oft genug blind für unsere Umwelt sind. Schwarzweißdenken unterdrückt den spontanen Fluss der Schönheit, der sich wie eine Wildblume, die durch den Asphalt wächst, von Fesseln und Einengungen befreien möchte.

Aber was wäre, wenn wir uns auflehnten? Was wäre, wenn wir bei jeder Handlung, jedem Gedanken die Frage stellen würden, die die Theologin Carolyn Gifford aufgeworfen hat: »Ist das, was wir tun, was ich tue, schön oder nicht?«[1]

1998 war es, als ich im Morgengrauen auf einem Trampelpfad den Berg über der kroatischen Stadt Dubrovnik erklomm. Der serbokroatische Krieg war drei Jahre zuvor zu Ende gegangen. Die Seilbahn, die einst Touristen den steilen Berghang hinaufgetragen hatte, war dem Krieg zum Opfer gefallen, und ich war vollkommen allein da oben.

Unter mir breitete die mittelalterliche Stadt ihre erst kürzlich erneuerten roten Ziegeldächer aus; die Adria funkelte wie Saphir. Auf dem Gipfel sah ich – wie viele spitze Zähne – die kahlen Berge von Bosnien im Osten verblassen. Was mich aber wirklich in Erstaunen versetzte, war das strahlende Mohnfeld, das mich willkommen hieß – üppig und leuchtend rot.

Ich dachte an die Blumen, die über die Särge der Gefallenen gestreut worden sein mussten, und sah in der Wiese, die im Morgenlicht flammendrot war, etwas Beständigeres, als es die Narben der

Schlachten waren; die Schönheit war wirklicher als die Hässlichkeit des Hasses, die Blumen waren echter als die Löcher der Kugeln, die die Außenwände des Hotels entstellten, in dem mein Mann und ich während unserer Flitterwochen wohnten.

Gefangen von dieser Schönheit, konnte ich in jenem Augenblick jenseits der Gebrochenheit der Welt etwas Dauerhafteres, Widerstandsfähigeres und unendlich Schöneres erblicken. Schönheit, dachte ich, kann überall und jederzeit erscheinen und uns überraschen.

Der Dichter und Farmer Wendell Berry schreibt: »Unter dem Pflaster träumt die Erde vom Gras.«[2] Und von welcher Herrlichkeit träumst du? Sehnst du dich, wie die Mohnblumen oder die Dichter, danach, auf die Schönheit der Welt aufmerksam zu machen? Oder hast du, wie die Bienen, verstanden, wie wichtig es ist, der Schönheit zu huldigen? Begriffen, dass du zu einer echten Leitfigur werden kannst, wenn du deine Würdigung der Wunder dieser Welt »tanzt« und damit andere inspirierst, dir zu folgen? Auf diese Weise kann Schönheit uns faszinieren und verwandeln.

Wenn ein Bienenvolk zu groß für seinen Stock wird, werden Kundschafterinnen ausgeschickt, um einen neuen Standort zu finden. Bei ihrer Rückkehr tanzen sie den Schwänzeltanz, um mitzuteilen, für wie geeignet sie den neuen Ort halten.

Dafür begeben sie sich auf den »Tanzboden«; sie laufen in einer Acht, die Mitte der Acht ist eine gerade Linie, und wenn sie darauf entlanglaufen, wackeln sie heftig mit dem Hinterteil. Diese Bewegungen wiederholen sie für mehrere Minuten oder Stunden unter Summen, umgeben von neugierigen Zuschauern.

Je begeisterter sie von ihrem gefundenen Platz sind, um so länger führen sie ihren Tanz aus. Wenn andere Bienen tanzen, sich für andere Standorte einsetzen, auch gut. Sie verschwenden keine Zeit oder Energie darauf, die Vorschläge der anderen Bienen schlechtzumachen. Sie tanzen nur, um die anderen zu inspirieren, sie mitzureißen. Wenn sie lange und enthusiastisch genug tanzen, findet ihr Standort das stärkste Interesse, und dann fliegen weitere Bienen los, um ihn zu begutachten. Wenn genügend Bienen ihn für gut befinden, zieht der neue Schwarm dorthin.

Eine Biene, die im Tanz ihre Begeisterung ausdrückt, kann das Schicksal eines ganzen Bienenvolkes beeinflussen.

Was könntest *du* bewirken, wenn du dich entschließen würdest, deine Energie auf Schönheit auszurichten?

Die Erkundung der Schönheit

Das afrikanische Lobpreislied gehört zu einer langen und altehrwürdigen mündlichen Tradition, und es ist ein Weg, um die lobenswerte Essenz im Herzen eines jeden Lebewesens zu ehren. Suche dir für dein Lobpreislied etwas in der Natur aus, das du schön findest: eine Blume, einen Baum, eine bestimmte Jahreszeit.

Beginne das Lied mit »Gepriesen sei…«.

Und beginne die zweite Zeile mit den Worten »Ich bin…«

Beschreibe nun den Gegenstand deiner Bewunderung mit starken und einfühlsamen Worten.

Beispielsweise so:

Gepriesen sei die wilde Iris
Ich bin eine strahlende Schönheit, prachtvoll gekleidet.
Wenn Bienen mich sehen, neigen sie den Kopf vor Freude.
Wenn ich aus den Wiesen verschwinde, wirst du noch nach mir suchen,
Auch wenn du weißt, dass ich längst fort bin.

Beim Schreiben dieses Gedichts wurde mir klar, dass ich noch lange, nachdem die wilden Irisblumen verblüht und vergangen sind, nach ihnen suche. Ihre Schönheit ist in mein Inneres eingraviert. Aber mir wurde noch etwas anderes bewusst: Mit meiner Kreativität geht es mir genauso wie mit der wilden Iris. Immer wenn ich sie aus den Augen verliere, warte ich sehnsüchtig auf ihre Rückkehr.

Jetzt ist es an dir, einige Lobpreislieder zu schreiben. Geh hinaus und hab Spaß! Es geht hier nicht darum, großartige Gedichte zu verfassen, sondern darum, die Schönheit dieser Welt zu preisen.

Wenn du dein Lobpreislied geschrieben hast, überlege dir, was es dich über die Bedeutung von Schönheit gelehrt hat.

Erkunde deine Erkenntnisse in deinem Tagebuch.

Kapitel 33

Offenheit

Voreinander sind wir offenes Land.

Thomas von Aquin

Der Dichter Robert Frost schreibt, dass es etwas gibt, das keine Mauern mag.[1] Die Wiese ist ein offener Raum ohne Mauern oder Zäune. Hier gibt es ein Leben nach menschlichem Maß, meilenweit entfernt von den abgehobenen Konzepten der Wirtschaft und den Weltereignissen, die unser Leben beherrschen. Auf der Wiese stehen wir auf gemeinschaftlichem Boden, an einem Ort des Miteinanders, an dem das Allgemeinwohl wichtiger ist als die Rechte einiger weniger. In dieser Einheit erkennen wir, dass wir alle einander berühren, einander brauchen, Teil voneinander sind.

Es war in den ersten Wochen zerwühlter Laken, in denen wir uns richtig kennenlernten, da sagte mein Mann, nachdem wir uns geliebt hatten: »Mein Herz ist offen für dich.« Ich legte den Kopf auf seine Brust und hörte das Pochen seines Herzens. Ich entspannte mich und wusste, dass Bruce auf mich warten würde, bis ich bereit war, einzutreten und seinen Raum zu teilen. Keine Wächter, keine Zäune, keine Abwehr: Dieser große, freundliche Mann breitete seine Liebe wie eine offene Wiese aus und lud mich ein zu kommen, wenn ich soweit war.

Wir erleben das Heilige nicht für sich, sondern immer in Verbindung mit einer Idee, einem Menschen, einem Ort oder einem anderen Lebewesen. In der Gemeinschaft gedeihen wir und entfalten uns. Wir mögen zwar – vor allem in der amerikanischen Kultur – den grantigen Einzelgänger idealisieren, doch unsere Seele sehnt sich nach Verbundenheit.

Die Anthropologin Margaret Mead schreibt: »Bisher hatte man von der Kleinfamilie nie erwartet, ganz allein in einer Schachtel zu leben, so wie wir es tun. Ohne Verwandte, ohne Beistand sind wir in eine unmögliche Lage gebracht worden.«[2] Wenn wir zusammenarbeiten, macht uns das zufriedener und sicherer.

Wir allerdings bleiben trotzdem eine Gesellschaft von Mauerbauern. Wir trennen den Geist vom Körper, Menschen von nichtmenschlichen Lebewesen, die Seele von der Erde. Beim Einzäunen der Prärie verwendeten die Siedler so viel Stacheldraht, der auch als *devil's rope* (Teufelsdraht) bezeichnet wird, dass man damit die Erdkugel fünfundzwanzig Mal hätte umwickeln können. Mit dem Teufelsdraht zogen die Siedler Grenzen, er machte sie zu Besitzern des Landes. Zudem trug er noch stärker zur Zerstörung der Prärien bei als der Pflug. Eingezäunt konnten sich die Büffel und andere Wandertiere auf der Suche nach Futter nicht mehr frei bewegen, und so verhungerten sie. Diese Weidegänger des Graslandes, die für das Ökosystem der Prärie äußerst wichtig sind, konnten auf dem von Grenzen durchzogenen Land nicht überleben.

Im persönlichen Bereich sprechen wir von dem Bedürfnis nach Grenzen, danach, unseren Freiraum zu haben. Heutzutage hat so gut wie jedes Mitglied eines Haushalts seine eigene Unterhaltungstechnik. Wir müssen uns nicht länger um den gemeinsamen Fernseher versammeln, so wie wir uns früher ums Lagerfeuer versammelt haben.

Jedes System – auch eine Wiese – ist Teil eines Ganzen. Doch wir Menschen neigen dazu, den Blick nur auf uns zu richten, so als wäre die Menschheit etwas Abgeschiedenes und nicht Teil von etwas

Größerem und wechselseitig Verbundenem. Wir vergessen, dass wir durchlässige Wesen sind. Die Welt hört nicht an der Grenze unserer Haut auf; wir sind Teil des Lebensnetzes.

Ich fahre hinaus an die Küste von Point Reyes und setze mich auf einen Baumstamm, der auf einer großen Wiese liegt. Am Himmel ziehen tiefe dunkle Wolken; die Luft ist geschwängert vom salzigen Geruch des Meeres. Eine üppige Pracht aus rosa Lilien singt in den goldenen Gräsern. Neben mir wächst eine Tanne, deren großzügiger Gestus viel freien Raum bietet. Das hier ist einer meiner liebsten Plätze auf der ganzen Welt. Ich fühle mich hier ganz zuhause und nie einsam. So ist es der vollkommene Ort, um über die Ängste nachzudenken, die mich dazu bringen, meine Gefühle für mich zu behalten oder mich abzugrenzen.

Ich hole tief Luft und bin mir gewahr, dass ich auf dieser weit offenen Wiese ungeschützt bin. Ein Puma könnte mich schon aus der Ferne erspähen. Regen könnte mich in wenigen Augenblicken völlig durchnässen. Offene Räume machen uns verwundbar. Auch die offenen Räume *in* uns. Eine offene Gesellschaft ist eine verwundbare Gesellschaft; diejenigen, die sie zerstören wollen, haben leichtes Spiel. Doch eine geschlossene Gesellschaft ist eine Gesellschaft, die an sich selbst erstickt. Sie zerstört sich von innen heraus.

Offen zu bleiben, ist eine Herausforderung. Man braucht Mut, um die Türen seines Herzens aufzureißen und alles willkommen zu heißen, was kommen mag. Keine Objekte, nur Subjekte. Kein »Es«, sondern nur »Du«. Jeder Besucher wird freundlich empfangen.

Wie Rilke schreibt:

Nirgends will ich gebogen bleiben,
denn dort bin ich gelogen, wo ich gebogen bin…[3]

Was kostet es, unsere Herzen füreinander und für unseren Planeten zu öffnen? Innerlich so groß und so frei zu werden, dass uns bewusst wird, dass wir uns *miteinander* auf dieser faszinierenden Erdenreise befinden? Welche gemeinsame Aufgabe wird uns zusammenbringen, wenn nicht die Krise unseres Planeten, von der alle Lebewesen betroffen sind?

Eines Abends sah ich bei der Heimkehr ein Rudel Hirsche, die auf der Wiese am Eingang zu meinem Tal grasten; ihre Geweihe waren im Vollmond ein Wald aus silbernen Ästen. Ich hielt an, stieg vorsichtig aus und ging leise ein paar Schritte ins Gras. Ein großer Hirsch hob kurz den Kopf, kümmerte sich aber nicht weiter um mich. Ein paar andere Augen wandten sich mir zu, dann wieder nach unten, um weiter zu äsen. Wie die Wissenschaft herausgefunden hat, wird alles, was wir sehen, hören und berühren, nicht von unabänderlichen Gesetzen beherrscht, sondern von Beziehung; Berührung; Kontakt: Verbindung. Ich wagte kaum zu atmen, setzte mich hin, nahm meinen Platz im gemeinsamen Raum ein. Für diesen einen Augenblick war ich Teil des Rudels.

Die Erkundung der Offenheit

Denke an einen Menschen, eine Situation, Idee oder neue Richtung in deinem Leben, für die du dich öffnen willst. Suche dir dann einen Ort in deiner Umgebung, der sich für dich offen anfühlt.

Mache es dir dort bequem und atme ruhig und gelöst ein und aus. Entspanne deine Muskeln, öffne deinen Herzbereich und weite den Blick, so dass die Umrisse der Dinge verschwimmen und miteinander verschmelzen.

Wenn du soweit bist, lade die Person, die Situation, den Teil von dir, den Glaubenssatz oder das Vorhaben ein, für das du dich öffnen möchtest. Atme alle Anspannung aus. Lasse einfach zu, dass es für den Augenblick den Raum mit dir teilt.

Halte den Raum weiter offen, bis du ein Gefühl der Akzeptanz oder ein anderes Gefühl, das an die Oberfläche drängt, spürst.

Denke dann ein paar Minuten lang über deine Erfahrungen nach und schreibe sie in dein Tagebuch.

Hast du das Gefühl, dich geöffnet zu haben?

Inwiefern dient diese Offenheit dir, deinem Leben?
Fühlst du dich dir selbst und anderen enger verbunden?
Welche nächsten Schritte musst du tun, um offener zu bleiben?

Das Grasland wieder verlassen

Das Grasland lädt uns ein, uns näher mit unserer Beziehung zum Ort, zum Selbst, zur Gemeinschaft zu befassen. Hier auf offenen Ebenen und verspielten Wiesen erkunden wir den Reichtum der kleinen Augenblicke und die Tiefen unserer Bande zur Erde und zu einander.

Wenn du das Grasland wieder verlässt, welche Erkenntnisse nimmst du mit?

Welche weiteren Gedanken oder Bilder möchtest du noch näher erkunden?

Gibt es Saatkörner, die jetzt gesät werden wollen?

Wenn du auf diese fruchtbare, blumenübersäte Landschaft zurückblickst, überlege dir, was du zum Wohl deiner Familie, deiner Arbeit, deines Lebens und dem der Gemeinschaft säen möchtest.

Auf welche Weise willst du ein Teil des großen Blühens unseres kostbaren Planeten sein?

Was nun?

Am Rand der Wildnis entlanggehen

Du gehst, deine Fußspuren sind der Weg und sonst nichts.

Antonio Machado

Ich bin an die Küste von Point Reyes gefahren, um über den Schluss dieses Buches nachzudenken. Das Marschland, in dem ich sitze, ist ein Ökoton, ein Übergangslebensraum, eine Gezeitenzone, in die das Wasser des Pazifiks hineinströmt und aufs Land trifft. Wo zwei Biotope, so wie hier, miteinander verschmelzen, finden wir das üppigste Leben: viele Arten ganz einzigartiger Pflanzen und Tiere.

Auch wir sind Übergangswesen: Grenzgänger, die auf dem schmalen Grat zwischen Wildnis und modernem Leben balancieren. Beide Kräfte treffen in uns Menschen des zwanzigsten Jahrhunderts, die Computer benutzen und Auto fahren, die jedoch auch Geschöpfe der Erde sind, aufeinander.

Wie können wir das Gleichgewicht halten?

In dieser Mischung aus modernem Hightech-Leben und Wildnis steckt eine tiefe und seltsame Kraft, die zu erforschen und zu begreifen wir erst beginnen. Wir können nicht mehr zur Lebensweise der Urvölker zurückkehren und wollen es auch nicht. Wir müssen lernen, uns hier zurechtzufinden, wo das Alte und das Neue aufeinanderprallen. Ein Ökoton ist eine Übergangszone – ein Schmelztiegel für Veränderungen, der große Gefahren birgt und zugleich außerordentliche Chancen bietet. Wir wissen nicht, wie es ausgeht.

Wichtig ist es, kleine Schritte zu tun, um das Ungleichgewicht, das sich immer mehr zum Linearen und Mechanischen verschiebt, wieder ins Lot zu bringen. Lege einen Garten an, schicke deine Kinder zum Spielen nach draußen, teile deine Geschichten von Vögeln oder Flüssen oder dem sanften Wiegen eines geliebten Baums mit anderen. Feiere es, wenn die Sonne durchs Fenster scheint und Lichtstrahlen in dein Zimmer wirft.

Eine Freundin, die es nie besonders nach draußen gezogen hatte, fing an, jeden Morgen eine halbe Stunde in einem kleinen Wildnisgebiet spazierenzugehen. Als das örtliche Amt, das für die Freizeitparks zuständig ist, den Plan hatte, einen Spielplatz unter den hohen Bäumen zu bauen, in dem Wildvögel nisteten, schloss sie sich einer Gruppe von dreihundert Umweltaktivisten an, um diese Pläne zu verhindern. Sie hatte sich in die Wildnis verliebt und beschützte sie nun genauso heftig wie die Habichtmutter, die sich einmal mit gestreckten Krallen auf meinen Mann gestürzt hatte, um ihr Nest zu beschützen.

Ich kann mir lebhaft vorstellen, dass Mutter Erde und all ihre Bewohner meine Freundin anfeuerten, als sie es mit ihrer Gruppe verhinderte, dass mitten auf dem Weg zu den Höhlen des Rotfuchses Sandkästen und Klettergerüste errichtet wurden.

Wir müssen von der natürlichen Welt etwas nehmen, um unsere Seele zu nähren, und ihr dann wieder etwas zurückgeben. Wir tanzen einen wechselseitigen Tanz mit der Erde. Wir atmen dieselbe wilde Luft ein, trinken dasselbe Wasser und saugen dieselben Sonnenstrahlen auf. Wenn wir unsere innere Wildheit nicht zurückfordern und sie lieben lernen, wie viele der wilden Orte der Erde wollen wir dann noch zerstören?

Unsere Arbeit fängt erst an.

Indem du den Willen und den Mut aufgebracht hast, den wilden Bereich deiner Seele zu erkunden, kannst du schon auf beträchtliche Kraft und Weisheit zugreifen, die du brauchst, um erfüllter zu leben und andere an deinen besonderen Gaben teilhaben zu lassen. Wenn du die vielen Seiten deiner wilden Seele, denen du auf dieser Reise begegnet bist, weiter in dein Leben einbeziehst, wirst du immer lebendiger – für dich selbst und für die Möglichkeiten in deinem Leben und deiner Arbeit.

Nimm dir nun einen Augenblick Zeit, um noch einmal alles an dir vorbeiziehen zu lassen, wo du gewesen bist und was du erlebt hast. Haben dich bestimmte Landschaften gerufen? Hast du dich bei anderen Landschaften, die deinen Schatten festhalten und dein Wachstum hemmen, abgemüht? Hat sich deine Beziehung zu bestimmten Landschaften verändert oder weiterentwickelt? Was verrät dir die Reise durch die Landschaften über dein heutiges Leben?

Wo auch immer du bist, sei gewiss, es ist der vollkommene Ort für dich. Entwicklung entfaltet sich nicht in geraden und vorhersehbaren Linien. Sie dreht und wendet sich, gerät in Sackgassen und muss oft umkehren, um einen anderen, erfolgversprechenden Weg zu finden. So auch du. Überlasse dich diesem dynamischen Tanz voller Überraschungen. Widme dich liebevoll der Wildheit so, wie sie in dir und um dich herum lebt – und du wirst staunen.

Wenn du diesen Weg weitergehst, wirst du Entwicklungssprünge und Erkenntnisse jenseits deiner wildesten Vorstellungen erleben. Verbringe Zeit in der Natur, preise die Erde, liebe die wilden Wanderungen deiner Phantasie und sei dankbar für jedes Blatt, dem du unterwegs begegnest. Auf diese Weise wirst du unweigerlich ein Teil der großen Wiederverwilderung unserer Welt.

Richte dich an den folgenden Prüfsteinen aus; sie werden dir helfen, dich im Mysterium und in der Anmut und Schönheit der Wildheit zu bewegen.

Die zehn Prüfsteine der wilden Seele

1. Ich empfinde mein eigenes Fleisch und das Fleisch der Erde als ein und dasselbe. Wenn ich der Erde schade, schade ich mir selbst; wenn ich die Erde gut behandle, behandle ich auch mich selbst gut.
2. Ich ehre die Erde als eine ursprüngliche Quelle spiritueller Offenbarung.
3. Ich behandle die Erde und all ihre Bewohner als Verwandte, die wertgeschätzt und gepriesen werden sollten.
4. Ich öffne mich der wilden und schöpferischen Kraft der Erde, die sich auf einzigartige Weise durch mich zum Ausdruck bringt.
5. Ich erkenne die physischen Einschränkungen der Erde an und nehme gleichzeitig die Grenzenlosigkeit meines spirituellen Wesens mit Freude an.
6. Ich nehme mir regelmäßig Auszeiten von Technik und der menschengemachten Welt, um mich wieder mit der Natur und meiner wilden Seele zu verbinden.
7. Ich bringe der Erde einen aufnahmebereiten Geist entgegen, denn ich weiß, dass alle Wesen heilig sind und grundlegende Weisheit besitzen.
8. Ich schütze und ehre den Ort auf der Erde, an dem ich zuhause bin, und suche Innigkeit mit ihm.
9. Ich glaube, dass das wesentliche Mittel zur Bewältigung der Krise unserer Erde eine Veränderung des Bewusstseins und nicht technischer Fortschritt ist.
10. Ich öffne mich für die Weisheit der Wüsten und Wälder, der Meere und Flüsse, der Berge und des Graslandes und lerne dabei: Ein ganzer Mensch zu sein, bedeutet, wild zu sein.

Stelle dir vor, du und ich haben uns einer Gemeinschaft von Leuten angeschlossen, die wieder den Ruf ihrer wilden Seele hören. Es ist ein warmer Sommerabend, und unsere nackten Füße berühren den weichen Boden, während die untergehende Sonne die Grasspitzen wie Kerzen entzündet. Wir halten uns an den Händen und bilden einen Kreis.

Wir werden von unserer irdischen Heimat sanft und zugleich fest in die Arme geschlossen. Lausche auf das Rauschen des Windes, atme die wilde Luft, spüre die salzigen Meere, die durch deine Adern fließen. Spüre, wie die Erde in deiner eigenen wilden Seele eine Antwort hervorruft.

Möge dir aller Segen der Erde zuteilwerden. Und mögest du all deine Segnungen mit ihr teilen.

Weitere Quellen

Viele Schriftsteller und Dichter haben meine Gedanken, meine Phantasie und meine Texte beeinflusst, und ich schulde jedem von ihnen meinen Dank. Das Folgende ist nur eine Auswahl, wenn auch eine vielseitige. Sie hat der wilden Seele viel zu bieten.

Einführung in die Seelenlandschaften

Bücher und Aufsätze

Abram, David, *Im Bann der sinnlichen Natur: Die Kunst der Wahrnehmung und die mehr-als-menschliche Welt*. Think oya, 2012. Abrams lyrisches und ausdrucksstarkes Buch bedenkt unseren Platz in der Welt neu und argumentiert, dass menschliche Erkenntnis von der natürlichen Welt abhängig ist. Viele seiner Darlegungen haben mein Bewusstsein vom Bezug zwischen Sprache und Landschaft verändert. Eine Episode erzählt davon, wie er in einer moosigen Höhle Unterschlupf vor einem Gewitter suchte und dort die Galaxien in Spinnweben voller glitzernder Regentropen geschrieben fand.

Berry, Thomas, *The Dream of the Earth*. Sierra Club Books, San Francisco, 1988. Siehe auch: *Die Autobiographie des Universums* (in Zusammenarbeit mit Brian Swimme). Diederichs, 1999, sowie *Das Wilde und das Heilige: The Great Work – Unser Weg in die Zukunft. Arun, 2011*. Der Kulturhistoriker Thomas Berry hat mich durch seine Schriften angeregt. Die aufgelisteten Bücher sind für mich besondere Quellen der Inspiration, die einen glänzenden Rahmen für den Neuentwurf von Ethik, Politik, Wirtschaft und Bildung unter Berücksichtigung der Kosmologie und Ökologie bilden. Sein umfassendes Wissen und tiefsinniger Geist geben mir die moralische Vision, die meinen Weg vor mir erleuchtet.

Estés, Clarissa Pinkola, *Die Wolfsfrau. Die Kraft der weiblichen Urinstinkte*. Heyne, 1997. Dieses Buch hat meine Liebe zur Wildheit durch seine mystischen Erzählungen wieder zum Leben erweckt. Pinkola Estés' Schreibstil ist sinnlich, poetisch und im wilden Femininen verwurzelt. Die Therapeutin ist in der Tiefenpsychologie nach C.G. Jung ausgebildet und eine starke Quelle wilder Archetypen.

Griffin, Susan. *Frau und Natur,* Edition Suhrkamp, 2001. In wilder und poetischer Prosa miteinander verwoben, verbindet Griffin Philosophie, Wissenschaft, Mythos und Geschichte. Das Ergebnis ist ein Buch, das hinter jeder Ecke Grenzen niederreißt. Als ich es las, erkannte ich nicht nur, sondern fühlte auch, wie eng Frauen mit der Erde verbunden sind – als Lebensspenderinnen *und* Opfer von Raubbau.

Roszak, Theodore, *Ökopsychologie: Der entwurzelte Mensch und der Ruf der Erde*. Kreuz-Verlag, 1997. Der Geschichtsprofessor Roszak hinterfragt die Trennung zwischen Psychologie und Ökologie. Er schreibt: »Vor langer, langer Zeit waren alle Formen der Psychologie ›Ökopsychologie‹.« Indem er die Grenzen des modernen therapeutischen Modells anspricht, das unsere Verbundenheit zur Erde verleugnet und ignoriert, offenbart er, dass die Wunden der Erde auch unsere Wunden sind.

Snyder, Gary, *Lektionen der Wildnis*. Matthes & Seitz, 2001. In seiner glänzenden Einleitung »Die Etikette der Freiheit« schreibt Snyder, dass das Wort »wild« meist durch Begriffe definiert wird, die beschreiben, was es *nicht* ist: zivilisiert, gehorsam, kontrollierbar. Sein Buch verschafft uns jedoch ein Gefühl dafür, was »wild« ist. Seine ausschweifenden Aufsätze sind eine eindringliche Formulierung dessen, was Freiheit, Wildheit, Güte und Anmut bedeuten. Ich folge Snyder überall hin, wohin er auch geht.

Thoreau, Henry David, *Vom Spazieren: Ein Essay*. Diogenes, 2004. Dies ist *der* Aufsatz über Natur. Er beginnt mit einem Manifest: »Ich möchte zugunsten der Natur sprechen, zugunsten absoluter Freiheit und Wildheit – im Gegensatz zur Freiheit und Kultur im bürgerlichen Sinne.« Thoreau ist in seiner Denkweise so fortschrittlich – oder so veraltet – dass er sich wie ein Ökologe der heutigen Zeit liest. Wir alle treten in seine Fußstapfen.

Gedichte

Harjo, Joy, »Remember« in *She Had Some Horses*, Thunder's Mouth Press, New York, 1983, 1997. Harjos einprägsames Wiederholen des Wortes »Remember« (Erinnere dich), das sie in diesem einen Gedicht fünfzehn Mal verwendet, ruft uns zu unserem wahren Selbst zurück. Wir müssen uns nur daran erinnern, dass wir mit der Welt des Windes, der Tiere, Pflanzen, Vorfahren und Sterne eins sind. Dieses Gedicht spricht zu mir und sagt mir, wer wir wirklich sind und aus was wir eigentlich bestehen.

DVDs

Swimme, Brian. *The Powers of the Universe*. DVD-Serie, 2005. (http://www.storyoftheuniverse.org). Swimme war der Mentor meines Mannes am California Institute of Integral Studies. Wir hatten das Glück, beim Filmen dieser Serie dabei sein zu dürfen. Sie offenbart ein neues Verständnis der kosmologischen Grundsätze, die durch jeden von uns strömen. Swimme inspiriert mich, mein Leben größer zu leben, im Einklang mit der ganzen Entwicklungsgeschichte des Universums.

Veröffentlichungen

Die Zeitschrift *Orion Magazine* wurde 1982 herausgebracht. Ihr erster Chefredakteur hat die Werte der Zeitschrift so definiert: »*Orions* grundsätzliche Überzeugung ist, dass wir Menschen für die Welt, in der wir leben, moralisch verantwortlich sind und dass der Einzelne diese Verantwortung fühlt, wenn er die persönliche Verbundenheit zur Natur entwickelt.« *Orion* gehört zu den wenigen Zeitschriften, die mein Mann und ich uns immer noch in Printausgabe zuschicken lassen. Rebecca Solnit, Barry Lopez, Derrick Jensen, David Abram und viele andere Umweltautoren (sowie Umweltkünstler und -fotografen) finden auf diesen Seiten eine Plattform für ihre eindringlichen Botschaften, und ich habe viele meiner Lieblingsautoren hier gefunden.
www.orionmagazine.org.

Die Wüste

Bücher

Chatwin, Bruce, *Traumpfade. The Songlines. Roman*. Carl Hanser, 1990. Die Ureinwohner Australiens glauben, dass ihre Totem-Vorfahren die Welt ins Leben gesungen haben. Das Thema von Chatwins lebendiger Reisebeschreibung ist, dem Land ganz nahe zu kommen, indem wir es durchlaufen und den Weg fortwährend durch »Traumspuren« oder »Lieder« nachzeichnen. In den Liedern fand ich meine eigene Landkarte, die mich zu größerer Hochachtung vor der Welt und tieferem Wissen über sie geführt hat.

Thomas, Elizabeth Marshall, *The Old Ways: A Story of the First People*. Farrar, Straus and Giroux, New York, 2006. Ein lebendiger Bericht über die Zeit, die ihre Familie unter den Buschmännern der Kalahari verbrachte, in dem die Autorin Erkenntnisse über ein Volk liefert, das als die nächsten Verwandten unserer ursprünglichen Vorfahren aus Afrika gelten. Ich habe ihn als Hörbuch gehört, während ich im Death Valley in der Mojavewüste zeltete. Ein unglaubliches Portrait eines Urvolks, das mir einen Einblick in die Ursprünge eines natürlicheren und erdbewussteren Selbst vermittelt hat.

Reisner, Marc, *Cadillac Desert: The American West and Its Disappearing Water*, überarbeitete Ausgabe. Penguin Books, New York, 1986, 1993. Ein erschütternder Bericht über unsere sorglose und überhebliche Einstellung zur Wüste und zum kostbaren Wasser, das sie am Leben erhält. Dieses hervorragende und fesselnde Buch vermittelt dem Leser die Grenzen und Gefahren der Technologie sowie auch die ihr zugrundeliegende Anmaßung, die große Projekte ankurbelt, die mit der Wirklichkeit der Ökosysteme nur wenig zu tun haben. Wenn die Wüste ein Ort der Fata Morganas ist, dann sind unsere menschlichen Illusionen die gefährlichsten.

Williams, Terry Tempest, *Refuge: An Unnatural History of Family and Place*. Vintage Books, New York, 2001. Siehe auch: *Red: Passion and Patience in the Desert*. Vintage Books, New York, 2002. In einem einzigen Abschnitt ihrer Lebenserinnerungen *Refuge* wiederholt Terry Tempest Williams drei Mal »Ich glaube an…«, um ihren Glauben an die Fähigkeit der Wüsten, uns Dinge zu lehren – über Demut, gegenseitige Abhängigkeit, die Geister, die weitergewandert sind –, zum Ausdruck zu bringen. Jeder Besuch der Wüste ist »eine Pilgerreise zu sich selbst«. In *Red* kämpft sie für den Erhalt dieser geringgeschätzten Orte, egal, ob sie ein ganzes Kapitel der Namensauflistung von Naturgebieten mit rotem Felsgestein widmet oder sich mit Aldo Leopold befasst. Über Leopold schreibt sie: »Ich kann ehrlich sagen, dass ich immer dann, wenn ich im Namen der Wildheit Worte zu Papier bringe, Aldo Leopolds Stimme höre.« Beim Schreiben über die Wüste höre ich das Flüstern von Terry Tempest Williams‘ Stimme.

Gedichte

Wagoner, David, »The Silence of the Stars«, *Traveling Light: Collected and New Poems*. University of Illinois Press, Urbana, 1999. Der Dichter entnimmt den Gegenstand seines Gedichts einer Geschichte, die der südafrikanische Schriftsteller Laurens van der Post über seine Zeit unter den Buschmännern der Kalahari erzählt hat. Wagoner setzt den begrenzten materiellen Besitztümern der Buschmänner ihre tiefe Verbundenheit zum heiligen Kosmos entgegen. Das Gedicht wirft die Frage auf, ob die Vorteile der modernen Zivilisation wirklich ein Ausgleich für unsere heutige Abgestumpftheit gegenüber der natürlichen Welt sind.

Der Wald

Bücher

Hill, Julia Butterfly, *Die Botschaft der Baumfrau.* Goldmann, 2002. Dieses Buch und das von Maathai (siehe unten) sind Beispiele dafür, wie Bäume die Liebe zur Natur und den Beschützerinstinkt wecken können, und dass ein einziger Mensch etwas bewirken kann. *Die Botschaft der Baumfrau* ist der persönliche Bericht über die zwei Jahre, die Hill in einem 54 Meter hohen, tausend Jahre alten Mammutbaum in Humboldt County, Kalifornien, lebte. Bei ihrem heldenhaften Versuch, den uralten Baum vor der Kettensäge zu bewahren, erinnert sich Butterfly Hill an die Frauen der Chipko-Bewegung in Indien, die gegen die Abholzung der Wälder demonstrieren und die Wälder retten, indem sie sich zwischen die Bäume und die Kettensägen legen.

Jensen, Derrick und Draffan, George, *Strangely Like War: The Global Assault on Forests.* Chelsea Green Publishing, White Junction, Vermont, 2003. Indem dieses Buch die Blutrünstigkeit von Abholzung und Kriegen gleichsetzt, verdeutlicht es die Tiefe des Schreckens, die mit den brutalen Rodungsmethoden der Wälder einhergeht. Das Buch, das an manchen Stellen schwere und herzzerreißende Kost ist, verknüpft die lebensfähige Zukunft der Menschheit mit unserer Fähigkeit, die immer weiter schrumpfenden Wälder dieser Erde zu schützen. Es zwang mich regelrecht dazu, mich mit unserer Aggressivität gegenüber der Erde zu befassen.

Maathai, Wangari, *Afrika, mein Leben: Erinnerungen einer Unbeugsamen.* Dumont, 2012. Der Friedensnobelpreisträgerin Wangari Maathai schildert ihre Kindheit im ländlichen Kenia und wie sie zur Gründerin der Green Belt (Grüngürtel-) Bewegung wurde. Wie Hills Bericht spricht auch ihr Buch über Wege, wie das Anpflanzen von Bäumen grundlegende Veränderungen bewirken kann.

O'Donohue, John. *Anam Cara: Das Buch der keltischen Weisheit.* DTV, München, 1997. O'Donohue erforscht den Bezug zwischen Licht und Dunkel im

Herzen der Seelenlandschaft des Waldes und der keltischen Tradition, aus der er stammt. Er schreibt: »Alles kriecht im Schutz der Dunkelheit in seine eigene Natur zurück.« In seiner lyrischen und sinnlichen Sprache zeigt er mir, dass die Seele scheu ist und ein gewisses Maß an Dunkelheit braucht, um zu gedeihen.

Gedichte

Wagoner, David, »Lost«, *Travelling Light: Collected Poems*. Indiana University Press, Bloomington, 1999. Das Gedicht beginnt mit einem Befehl: »Steh still!« Das ist für diejenigen von uns, die sich im Wald verlaufen haben, ein guter Rat. In zwölf kurzen Zeilen drückt der Dichter die Anspannung aus, die wir spüren, wenn wir vom Weg abgekommen sind. Wagoners Gedicht schlägt vor, nicht zu rennen, sondern im gegenwärtigen Augenblick Wurzeln zu schlagen und den Ort »hier« in uns aufzunehmen. Ich habe dieses Gedicht schon sehr oft in meinen Poesiegruppen behandelt und entdecke ständig Neues.

Lawrence, D. H., »Escape«, The Complete Poems of D. H. Lawrence. Wordsworth Edition, Ware, England, 1994. Lawrence wuchs auf einem Bauernhof am Waldrand auf. Vielleicht verstand er deshalb das wilde, befreiende Wesen des Waldes so gut. Sein Gedicht weckt eine animalische Freude in mir, ein Gefühl des reinen Entzückens. Indem ich mit Lawrence in den Wald fliehe, stelle ich die Verbindung zu meinem Urvertrauen wieder her.

De Boer, Lauren, »Earth Said«. http://terravitabooks.net. Mein Freund und Kollege Lauren de Boer hat mir freundlicherweise erlaubt, das folgende Gedicht, das mich schon oft auf meinen Waldspaziergängen begleitet hat, mit dir zu teilen. Auf seiner Website erfährst du mehr über seine Arbeit und Werke.

Die Erde hat gesagt

Sei wie ein Baum. Bleibe im Traum verwurzelt,
der dich hierher geatmet hat.
Gib dich voll und ganz den Jahreszeiten hin,
lasse Veränderungen zu,
den starken Wind,
der den Himmel von dunkel zu hell
und wieder zurück beschleunigt.
Lass die Stürme kommen und gehen.

Es kommt die Zeit, zu wachsen und zu erblühen.
Die Zeit, loszulassen und zu ruhen.

Ein Baum sorgt und kümmert sich nicht darum,
ob er Eiche oder Lorbeer,
Ahorn oder Ulme ist,
ob der Bogen seines Astes
oder der Schnitt seines Blätterdachs in Mode ist.
Er gibt sich nur dem Leben hin.

Ein Baum kennt weder Erfolg noch Misserfolg;
beides gibt es nicht
im Geist der Rinde und Äste,
es sind nur Vorstellungen
in einem vergessenen Geist.
Sei wie ein Baum. Strecke deine Glieder nach oben,
um den Himmel anzurufen.

Die Flüsse und Meere

Bücher und Aufsätze

House, Freeman, *Totem Salmon: Life Lesson from Another Species*. Beacon Press, Boston, 1999. In seinem Bericht über die Wiederherstellung des Wanderwegs der heimischen Lachse im Mattole Flusstal von Nordkalifornien fängt der Autor die Großartigkeit der Lachswanderung vom Fluss bis ins Meer und zurück zum Mutterfluss ein. Als ich diese poetische und lebendige Geschichte der Rückkehr las, spürte ich, wie wichtig es ist, die Wildheit der Flüsse – und Seelen – wiederherzustellen. House erinnert uns daran, dass jedes Geschöpf das Recht auf seinen Lebensraum und seine ursprüngliche wilde Lebensweise hat.

Pielou, E. C., *Fresh Water*. University of Chicago Press, Chicago, 1998. Dieses Buch beschreibt die Wissenschaft vom Wasser voller Leidenschaft und Poesie. Es befasst sich mit der Geschichte, dem Zustand und der Zukunft des Trinkwassers. Pielous besonderes Genie besteht darin, Wasser aus ganz neuen Blickwinkeln zu betrachten. So vergleicht sie zum Beispiel ein Flussgebiet mit einem unbekannten Urstamm – beide sind gut funktionierende Gemeinschaften, die sich selbst versorgen, die sich vollkommen an ihre Umwelt angepasst haben. Wenn ihre Isolation aufgehoben wird, fallen sie auseinander.

Ehrlich, Gretel, »The Source of a River« in *Islands, The Universe, Home*. Penguin Books, New York, 1992. Von all den hervorragenden Aufsätzen über die Beziehung zwischen Mensch und Natur, die in diesem Buch zusammengestellt wurden, kehre ich am häufigsten zu diesem Beitrag zurück. Ehrlichs Fähigkeit, nahtlos von der inneren zur äußeren Landschaft überzuwechseln, ist außerordentlich. Auf ihrer Suche nach der Quelle des Yellowstone River kommt sie zum Schluss: »Der Geschichte eines Flusses oder eines Regentropfens nachzugehen, wie John Muir es getan hätte, ist dasselbe, wie wenn man der Geschichte der Seele nachgeht ...« Und das stimmt.

Gedichte

Hogan, Linda, »Journey« in *Rounding the Human Corners*. Coffee Hause Press, Minneapolis, 2008. Dieses Gedicht ist von einer ursprünglichen, pulsierenden Kraft durchdrungen. Es zu lesen ist so, als würde man einen wilden Fluss – oder ein Wildpferd – oder auch einfach nur das großartige, prachtvolle Strömen der Wildheit reiten.

Oliver, Mary, »The Sea« in *House of Light*, Beacon Press, Boston, 1990. Schlag auf Schlag lädt die Dichterin uns ein, uns unsere Anfänge als Meerwesen, mit Flossen und Kiemen und geschupptem Körper vorzustellen. Wir haben zwar vergessen, wo wir herkommen, doch Olivers Gedicht bringt uns zu unseren seelischen und körperlichen Anfängen als Geschöpfe der Tiefe zurück. Nachdem ich dieses Gedicht gelesen hatte, träumte ich, unter Wasser atmen zu können.

Whyte, David, »The Sea« in *Where Many Rivers Meet*, Many Rivers Press, Langley, WA, 1990. Dieses Gedicht richtet die Aufmerksamkeit auf Ebbe und Flut. Unter unseren oberflächlichen Sorgen um Geld und Erfolg arbeitet eine noch stärkere Strömung, wie Whyte uns sagt. Das Gedicht brachte mich dazu, mir vorzunehmen, mir den Fluss meiner wahren Sehnsucht zu erschließen.

Die Berge

Bücher und Aufsätze

La Chapelle, Dolores, *Weisheit der Erde: Von der Erde lernen heißt leben lernen*. Neue Erde, 3. Aufl. 2013. Die meisten der großen Religionen nahmen als visionäre Erfahrung auf einem heiligen Berg ihren Anfang. Dieses Buch untersucht die Macht der felsigen Erde, unser Denken zu formen und uns dem Göttlichen näherzubringen. Die Tiefenökologin La Chapelle erinnert uns daran, dass unser Geist nicht auf den Raum im menschlichen Schädel beschränkt, sondern in die gesamte Natur eingebettet ist.

Leopold, Aldo, *Am Anfang war die Erde. Sand County Almanac. Plädoyer zur Umwelt-Ethik*. Knesebeck, 1992. Was, wenn der Berg nicht will, dass wir den Wolf töten? Nur der Berg selbst hat lange genug gelebt, um zu wissen, was gut für ihn ist und was nicht. Leopolds tiefe Einsichten in die Verbundenheit allen Lebens – und die Auswirkungen der trophischen Kaskade – wurde unter dem Begriff »wie ein Berg denken« bekannt.

Muir, John, »A Near View of the High Sierra« in *Nature Writings*. The Library of America, New York, 1997. In dieser Aufsatzsammlung schildert Muir seine Faszination für und Liebe zur Gebirgskette der Sierra Nevada. Er teilt seine Begeisterung über die riesige Weite und das Gefühl von Freiheit, das er in den Bergen erlebte. Muir litt unter Depressionen, doch die Berge versetzten ihn in Entzücken.

Gedichte

Ignatow, David, »The Explorer« in *New and Collected Poems, 1970–1985*. Wesleyan University Press, Middletown CT, 1986. Manchen sind die Gefahren des Bergsteigens zu groß. Doch was ist, wenn die Berge dazu da sind, dass wir sie erklimmen? Ändert das nicht alles? Dieses täuschend schlichte Gedicht half mir, den Unterschied zwischen dem Bergsteigen zur Erfüllung eines Traums, der meiner Seele wohltut, und dem Streben nach einem Traum, der das nicht tut, zu erkennen.

Das Grasland

Bücher und Aufsätze

Eiseley, Loren, »Wie Blumen die Welt verändert haben« in *Die ungeheure Reise: Von der Entstehung des Lebens und der Naturgeschichte der Menschen*. Piper, 1959. Jeder Aufsatz dieser Sammlung ist außergewöhnlich: poetisch, glänzend, wissenschaftlich. Doch speziell dieser Aufsatz hat mich verändert. Durch ihn wurde mir klar, dass Blumen und Früchte es uns ermöglicht haben, die Art von Energie zu speichern, aus der sich unser Gehirn entwickelt und die Menschheit entstanden ist. Eisely schreibt: »Das Gewicht einer Blüte hat das Gesicht der Welt verändert und sie zu unserer gemacht.«

Harwell, Karen, und Reynolds, Joanna, *Exploring a Sense of Place: How to Create Your Own Local Program for Reconnecting with Nature*. Conexions: Partnership for a Sustainable Future, Palo Alto, CA, 2006. Der Farmer und Dichter Wendell Berry schreibt: »Du weißt erst dann, wer du bist, wenn du weißt, wo du bist.« Dieses Buch ist der Versuch, sich mit dieser Wahrheit zu befassen, indem es aktive Übungen anbietet, die uns mit der Bioregion, in der wir leben, vertraut machen.

Manning, Richard. *Grassland: The History, Biology, Politics, and Promise of the American Prairie*. Penguin Books, New York, 1995. Inwiefern spiegelt die amerikanische Beziehung zur Prärie unsere Beziehung zur Natur, zu uns selbst und unserer Weltsicht wider? Manning beklagt den Verlust der Prärien, während er sich ihre Wiederherstellung als einen Weg, wie wir die lebensnotwendige Verbindung zu unseren eigenen prähistorischen Wurzeln wiederherstellen können, vorstellt. Dieses Buch hat mir geholfen zu erkennen, wie die Zurückdrängung der Prärie und die Bekämpfung böser Mächte auf eine seltsame und zerstörerische Weise miteinander verwoben sind.

Gedichte

Berry, Wendell, »In a Country Once Forested« in *Given Poems*. Counterpoint Press, Berkeley, 2005. Die Werke des »Farmerdichters«, des Romanschriftstellers und Essayisten Berry enthalten eine wesentliche Botschaft: Wir müssen lernen, mit den natürlichen Rhythmen der Erde in Harmonie zu leben, sonst gehen wir zugrunde. In diesem Gedicht fordert er uns auf, uns zu erinnern: »...unter dem Asphalt träumt / die Erde vom Gras.«

Oliver, Mary, »The Summer Day« in *New and Selected Poems.* Beacon Press, Boston, 1992. Der süße Duft des Sommers, der Gräser und der langen Tage, an denen wir die Seele baumeln lassen können, wird in diesem vielzitierten Gedicht von Mary Oliver perfekt eingefangen. Sie fordert uns auf, das Leben zu genießen, und hat mich gelehrt, dass jeder Augenblick kostbar und gesegnet ist.

Robinson, Ann, »What the Earth Denies Us«. Robinson ist Dichterin, manchmal eine Farmerin und meine Freundin. Dieses Gedicht beschreibt die Verzweiflung derer, die dem Land so eng verbunden sind, dass sie den Schaden erkennen, der ihm zugefügt wird. Ihr Gedichtband *Stone Window* erschien 2014. Dieses Gedicht gebe ich mit ihrer Erlaubnis wieder:

Was die Erde uns verweigert

Mein schlimmster Alptraum ist, dir zu sagen,
dass ich aufwache und es keinen Regen gibt,
für Tage, Wochen;
aus den Feldern strömt die Hitze. Meine Brunnen, leer.
Morgens gebe ich Gott die Schuld für den Mangel an
Grundwasser,
nicht den großen Jungs von Monsanto,
die uns Roundup-Bohnen, Pflanzenschutzmittel, synthetische
Herzen und Zellen geben,
sondern Gott, der sich hinter vertrockneten Wolken versteckt
und nur zusieht.
Du würdest mich nicht erkennen, Gott,
in feuchten Hemdszipfeln und Stiefeln,
die sich an Sand und Hoffnung klammern.
Eine Frau, die ihren eigenen Hof besitzt und ihre Rechnungen
nicht bezahlt.
Meine Farmhelfer lenken kaputte Mähdrescher,
rauchen und sehen zu, wie die Erde im heißen Wind verdirbt.
Sie hoffen, dass die Frau versagt, wollen aber trotzdem einen Job.

Eine Schlange in Reihe 43 kroch
auf meinen Stiefel und starb.
Mein Mais eine rissige hohle Schale.
Baumwollkapselkäfer in der Baumwolle.
Das meine Farm, meine Bewässerungsgräben.
Eine Frau versteht, warum sich die Vögel nicht länger
versammeln,
die Jahreszeiten nicht wiederzuerkennen sind.
Ich schaue abends aus dem Fenster,
die Gespenster der Kuhreiher schweben über dem Mond,
die Sterne falten sich in sich zusammen
und verlieren ihr Gedächtnis.
Ich bin dünn geworden. Diese Ernten waren unser Mauerwerk.
Und dennoch bete ich.

Am Rand der Wildnis gehen

Bücher

Lake, Osprey Orielle, *Uprising for the Earth: Reconnecting Culture with Nature*. White Cloud Press, Ashland, 2010. Als berühmte Bildhauerin und engagierte Aktivistin für soziale Gerechtigkeit und Umweltrecht fügt Lake dem Schnittpunkt des von Menschenhand Erschaffenen und dem Wilden einen einzigartigen Blickwinkel hinzu. In ihrem klugen und poetischen Buch untersucht sie Verhaltensregeln für die Erde, die den Rechten menschlicher Gemeinschaften und mehr-als-menschlicher Gemeinschaften gerecht wird. Sie versteht, was nottut, um erfolgreich »am Rand der Wildnis« entlangzugehen.

Danksagungen

Die Niederschrift dieser Seele von einem Buch dauerte fast ein Jahrzehnt, und in diesen Jahren gab es oft Zeiten, in denen ich mich im Wald verlief und nicht mehr vorankam. Ich hatte jedoch das Glück, viele brillante und großzügige Menschen zu haben, die mir den Weg leuchteten, so dass ich schließlich wieder nach Hause fand. Dies ist mein unzureichender Versuch, ihnen allen dafür zu danken.

Meine Dankbarkeit gilt ganz besonders Kathy Kuser. Ihr erdverbundenes Coaching, das sie zusammen mit Virginia Kellogg entwickelt hat, stellte die Weichen für das, was später – durch meine Zusammenarbeit mit Kathy – zu einer frühen Version der Seelenlandschaften wurde. Dieses Buch schuldet ihrem prägenden Denken und ihrem klugen, wilden Geist viel.

Die Gründerin des Center for Journal Therapy, Kay Adams, ist eine geschätzte Freundin und Unterstützerin, die mich ermutigte, meine wilde Seele zu entwickeln, während ich bei ihr die Ausbildung zur Gedichttherapeutin machte. Sie gehörte auch zu einer Gruppe von Testlesern, die aus meinem Mann Bruce Thompson, Kate Thompson (nicht mit ihm verwandt), William (Bill) Carney und Lauren de Boer bestand. Sie feuerten mich an, forderten mich heraus und inspirierten mich im Großen wie im Kleinen.

Wendy Wallbridge, eine Schwester auf dem Schreibpfad, machte mir in all den Jahren Mut und gab mir kluge Ratschläge. Brooke Warner half mir an einem kritischen Zeitpunkt in der Entwicklung des Buches, ein gesundes Gleichgewicht zwischen dem Persönlichen und dem Planetarischen zu finden. Hannelore Hahn glaubte an mich als Schreibdozentin und Autorin. Auch Rachel de Baere, Jeffrey Erkelens und Marilyn Steele haben zu diesem Werk beigetragen.

Dieses Buch wäre ohne die Unterstützung meiner wöchentlichen Schreibgruppe nie zustande gekommen. Die immer aufschlussreichen Rückmeldungen von Ann Robinson, Lee Doyle und Julia McNeal haben mich ermutigt, es immer wieder umzuschreiben, bis ich es richtig gemacht hatte. Meine köstlichste Erinnerung: Lees Finger, der bis zum vorletzten Abschnitt eines Rohentwurfs wanderte, als sie sagte: »Ab hier finde ich es richtig gut, Mary!«

Mein aufrichtiger Dank geht an Peter Barnes, der mir eine erste Kostprobe ungehinderter Schreibzeit als Gast des Rückzugsorts für Schriftsteller, Mesa Refuge in Point Reyes Station im Bezirk West Marin County, ermöglicht hat. Ohne Peters Großzügigkeit würde ich mich immer noch mit dem Ende dieses Buches abmühen. Mein wärmster Dank geht an meine Mitbewohner im Mesa

Refuge, Jane Juska und Mary Nelen, die mir für zwei Wochen ein Zuhause weg von Zuhause geschaffen haben. Ich schulde vor allem Jane Dank. Sie hat mich mit ihren runden Schuhabsätzen angestoßen und mir klargemacht, dass ich die Seelenlandschaften zurechtstutzen wollte, indem ich jede in ein sauberes, gleichlanges Kapitel zwängte. Jane war noch nie für Anpassung.

Schüler, Klienten und Freunde teilten freigiebig ihre wilden Geschichten und Reaktionen auf die Landschaften mit mir in Workshops und Kursen, bei Spaziergängen und bei einer Tasse Kaffee. Ich bin ihnen allen so dankbar dafür, dass sie mich bei der Entdeckung der Archetypen der Erde unterstützt haben. Linda Gelbrich, Susan Field, Kristin Reynolds, Cyncie Winters, Caroline Brumleve, Katie Diepenbrock, Lonner Holden, Mary Jo Ott und Don Moseman haben ihre Geschichten offen mit mir geteilt. Es gibt auch andere, die lieber ungenannt bleiben, die mich jedoch mit ihren Erkenntnissen und Erlebnissen bereichert haben. Mein Dank gilt insbesondere allen meinen Schülern des Therapeutic Writing Institute. Sie in die Seelenlandschaften einzuführen, war eine tiefgehende Erfahrung, die mir geholfen hat, den Glauben und die Ausrichtung zu bewahren.

Wenn Autoren Glück haben, dann haben sie gute Lektoren. Ich bin eine Autorin, die Glück hat. Julia McNeal und Sheridan McCarthy haben meine Hochachtung und Dankbarkeit für ihre Liebe zum geschriebenen Wort und ihre sprachlichen Fähigkeiten. Sie gehören zu einigen wenigen, die verstehen, wie viel beispielsweise von der richtigen Kommasetzung abhängt. Richard Riddle, Amanda Tomlin und Stanton Nelson retteten mich davor, durchzudrehen, indem sie mir bei den Fußnoten, Genehmigungen und anderen teuflischen Details halfen.

Steve Scholl vom Verlag White Cloud Press gehört zu den wenigen Verlegern von heute, die sich für spirituelle Ökologie und Bücher einsetzen, die »für eine grünere, wildere Welt aufrütteln«. Ich bin White Cloud Press dankbar dafür, dass sie mich mit meinem ersten Buch und jetzt auch mit diesem Buch aufgenommen haben. Wenn ich mir die Liste ihrer Autoren ansehe, weiß ich, dass ich in sehr guter Gesellschaft bin. Christy Collins, danke für das wundervolle Buchdesign!

Sophie Brudenell-Bruce hat die wunderbaren Bilder geschaffen, die die mythische und archetypische Natur der Landschaften so vollkommen einfangen. Sophie und ich sind Freundinnen, seit wir uns im Alter von fünf Jahren auf dem Convent of the Holy Child auf dem Cavendish Square in London getroffen haben. Ich bin ihr so dankbar dafür, dass sie sich entschlossen hat, ihre Kunstbegabung, die schon in frühen Jahren zu erkennen war, weiterzuentwickeln, und dass sie sie so großzügig zu diesem Buchprojekt beigesteuert hat. Auch Lorraine Andersons wundervolles Vorwort hat dieses Buch gesegnet. Ihre eigenen Bücher – darunter zahlreiche Anthologien, die Frauen gewidmet sind, die über die Natur schreiben – sind für uns alle ein Segen.

In meiner persönlichen Welt geht mein größter Dank an meinen Mann Bruce Thompson. Er hat viele Versionen dieses Buchs gelesen und nie mit seinen klugen Gedanken gegeizt. Durch seinen Magisterabschluss in Philosophie, Kosmologie und Bewusstsein, den er am California Institute of Integral Studies gemacht hat, konnte er mich in die Werke von Brian Swimme, Thomas Berry, Mary Evelyn Tucker, Linda Hogan, Susan Griffin und viele andere Autoren und Denker einführen, die einen Einfluss auf dieses Buch hatten. Bruce, der heute als Lehrbeauftragter am CIIS ökologische Wirtschaft unterrichtet, teilt weiterhin seine Weisheit mit mir. Er ist brillant, gütig und unendlich geduldig. Und, wie er hinzufügt: »Vergiss nicht: auch noch unglaublich gutaussehend.« Ich liebe ihn zutiefst und für immer.

An vielen Tagen, an denen ich mit dem Buch nicht weiterkam, zog ich meine Wanderstiefel an und ging hinaus in die Natur. Umgeben von Bäumen, Wiesen, dem Himmel – und während Mount Tamalpais mir aus der Ferne zuzwinkerte – kamen mir die Antworten. Dieses Buch und meine tiefste Dankbarkeit gehören der Erde.

Anmerkungen

Vorwort 1

1 Clarice Short. »The Old One and the Wind« in Lorraine Anderson, Hrsg., *Sisters of the Earth: Women's Prose and Poetry about Nature*, New York: Vintage, 2003, 152-53

Einleitung

1 Thomas Berry, *The Dream of the Earth*, San Francisco: Sierra Club, 2006, 195.

2 Gary Snyder, *The Practice of the Wild*, San Francisco: North Point, 1990, 101

Kapitel 1

1 Max Picard, *Die Welt des Schweigens,* Piper, 1991

Kapitel 6

1 Georgia O'Keefe, »About myself« in Georgia O'Keefe: Exhibition of Oils and Pastels, New York: An American Place, 1939

Teil 2: Wälder

1 Dante Alighieri, *Die göttliche Komödie*, Reclams Universal-Bibliothek, 1986

2 Gerard Manley Hopkins, »The Blessed Virgin Compared to the Air We Breathe« in *Poems of Gerard Manley Hopkins*, Robert Bridges, Hrsg., London: Humphrey Milford, 1918, 45

3 Henry David Thoreau, *Walden, Ein Leben mit der Natur*, dtv, 1999

Kapitel 8

1 Jerry Mander, *In the Absence of the Sacred*, San Francisco: Sierra Club, 1991, 257-59

Kapitel 9

1 Eve Ensler, *Insecure at Last: A Political Memoir*, New York: Villard, 2008, xx

Kapitel 11

1 David Suzuki und Wayne Grady, *Der Baum: Eine Biografie*, Oekom, 2012

2 Willa Cather, *O Pioneers!* Boston und New York: Houghton Mifflin, 1913, Teil II, Kapitel XIII, 153

Kapitel 12

1 T.S. Eliot, *The Use of Poetry and the Use of Criticism*, Cambridge, MA: Harvard University Press, 1932, 144

2 Rainer Maria Rilke, *Briefe an einen jungen Dichter*, Insel, 2007

Teil 3: Flüsse und Meere

1 David Whyte, »Sweet Darkness« in *The House of Belonging*, Langley, WA: Many Rivers, 1997, 23. Nachdruck mit Genehmung des Many Rivers Press Verlags

Kapitel 14

1 Thomas Merton, *The Wisdom of the Desert*, New York: New Directions, 1970, 11

Kapitel 16

1 Die Inspiration kam durch eine Schreibaufforderung von Eunice Scarfe auf der Grundlage des Gedichts »Prairie Love Song« von Di Brandt in *Agnes in the Sky*, Winnipeg, Manitoba: Turnstone Press, 1990

2 Langston, Hughes, »The Negro Speaks of Rivers« in *The Collected Poems of Langston Hughes*, New York: Knopf, 1994, 23. Nachdruck mit Genehmigung von Random House

Kapitel 19

1 C.G. Jung, *Visions: Notes of the Seminar Given in 1930-1934*, Hrsg.: Claire Douglas, Princeton University Press, 1997, 333-34

Kapitel 20

1 Blog »Ocean Robbins« vom 14. Mai 2011. http://oceanrobbins.com/blog/

2 Dies sagte Huston Smith während einer Veranstaltung, bei der ich anwesend war.

Kapitel 21

1 John (Fire) Lame Deer und Richard Erdoes, *Tahca Ushte, Medizinmann der Sioux*. Weltbild, 2011

2 C.G. Jung, *Memories, Dreams, Reflections*, New York: Vintage Books, 1965, 223

Kapitel 22

1 Rainer Maria Rilke, aus dem Stundenbuch, Insel Verlag, Frankfurt am Main 1986

Kapitel 23

1 Aldo Leopold, *Am Anfang war die Erde, Sand County Almanac, Plädoyer zur Umwelt-Ethik*, Knesebeck, 1992

Kapitel 24

1 Linnie Marsh Wolfe, *John of the Mountains: The Unpublished Journals of John Muir*, Madison, WI: University of Wisconsin Press, 1938, 296

Kapitel 25

1 John Muir, *Die Berge Kaliforniens*, Matthes & Seitz, 2013

Kapitel 27

1 Li Po, »Zazen on Ching-t'ing Mountain« in *Crossing the Yellow River: Three Hundred Poems from the Chinese*. Übersetzer: Sam Hamill. Rochester, NY: BOA Editions, Ltd., 2000, 94. Nachdruck mit Genehmigung

Kapitel 28

1 Terry Tempest Williams, *Finding Beauty in a Broken World*, New York: Vintage, 2009, 190

2 William Faulkner, »The Art of Fiction No. 12« (Interview von Jean Stein), *Paris Review,* Frühjahr 1956

Kapitel 32

1 Carolyn Griffin, 9. Oktober 2008, Blog von Gary Hardwick. http://www.norman-transcript.com/religion/x519029095/God-is-beauty/print.

2 Wendell Berry, »In a Country Once Forested« in *Given: Poems*, Berkeley: Counterpoint, 2006, 345. Nachdruck mit Genehmigung des Counterpoint Verlags

Kapitel 33

1 Robert Frost, »Mending Wall« in *Poems by Robert Frost: A Boy's Will and North of Boston*, New York: Signet Classic, 2001, 678

2 Zitiert in Stevanne Auerbach, *Confronting the Child Care Crisis*, Boston: Beacon, 1979

3 Rainer Maria Rilke, aus dem Stundenbuch, Insel Verlag, Frankfurt am Main 1986

Über die Autorin

Mary Reynolds Thompson ist Lehrerin der Gedicht- und Tagebuchtherapie und Lebensberaterin. Sie engagiert sich dafür, die Geschichte der Wilden Seele bekanntzumachen. Diese neue Geschichte wurzelt in unserem Einssein mit der Natur und der Vision von einer Welt, in der die wilden Landschaften der Erde und der Seele blühen und gedeihen können. Ihre eigene Verbundenheit zur heiligen Erde war der Schlüssel zur nunmehr dreißig Jahre währenden Enthaltsamkeit vom Alkohol und zu ihrem Verständnis, wie wir aus der süchtigmachenden Trance der heutigen Welt erwachen können. Ihre weiteren Veröffentlichungen sind *Embrace Your Inner Wild: 52 Reflections for an Eco-Centric World* (White Cloud Press, 2011) sowie zahlreiche Aufsätze über Ökospiritualität. Sie gehört zur Kernfakultät des Therapeutic Writing Institute, hat »Write the Damn Book« gegründet und veranstaltet weltweit Workshops und Retreats über das Schreiben und Ökospiritualität. Thompson ist in London geboren und aufgewachsen; heute lebt sie mit ihrem Mann Bruce in ihrer geliebten Landschaft des Marin County, Kalifornien.

www.maryreynoldsthompson.com

Der Mensch wird die Erde nicht retten…
aber vielleicht die Erde den Menschen

Die Vorstellung vom Menschen als dem denkenden Wesen und vom Rest der Welt als der unbewussten Biosphäre ist noch relativ jung – und völlig falsch. In ihrer Rückschau in die Menschheitsgeschichte, durch ihre Fragen, was Geist, Gehirn und Denken eigentlich sind, und in ihrer Betrachtung der Lebensstufen des Menschen legt Dolores LaChapelle überzeugend dar, dass nur-menschliches Wissen allein nicht ausreicht, um ein globales ökologisches Gleichgewicht zu erreichen. Vielmehr muss sich unser menschlicher Geist wieder dem Geist-im-Großen, der Weisheit der Erde anschließen.

Dolores LaChapelle
Weisheit der Erde
Von der Erde lernen heißt leben lernen
Paperback, 384 Seiten, mit [illegible] Fotos
ISBN 978-3-89060-610-1

Alles teilt den einen Atem

Diese brandaktuelle Sammlung von Essays, geschrieben von Leitfiguren der Spiritualität und des Umweltschutzes rund um die Welt, beleuchtet den grundlegenden Zusammenhang unserer gegenwärtigen ökologischen Krise mit unserem fehlenden Bewusstsein für die Heiligkeit der Schöpfung. Diese 20 Beiträge zeigen uns, wie die Menschheit ihre Beziehung zur Erde wandeln und erneuern kann.

Llewellyn Vaughan-Lee (Hrsg.)
Spirituelle Ökologie
Der Ruf der Erde
Paperback, 256 Seiten
ISBN 978-3-89060-654-5

Das ganze Leben der Bäume

Immer mehr Menschen wird bewusst, dass Bäume bewusste, fühlende Wesen sind. Fred Hageneder hat dies bereits 1999 in seinem Buch »Der Geist der Bäume« so dargestellt, aber dieses Werk ist noch viel mehr: Es enthält eine kompakte Übersicht über Biologie und Ökologie der Bäume und viele wenig bekannte Tatsachen über die Bedeutung der Wälder für den Planeten; in einem zweiten großen Teil geht es um die tiefe kulturelle Verbindung des Menschen mit den Bäumen von der Steinzeit bis heute, und im dritten Teil werden die wichtigsten heimischen Bäume in ausführlichen Porträts vorgestellt.

Fred Hageneder
Der Geist der Bäume
Eine ganzheitliche Sicht ihres unerkannten Wesens
Hardcover, 416 Seiten, mit Lesebändchen
ISBN 978-3-89060-632-3

Mit beiden Füßen auf der Erde

Es gibt ein wachsendes Bewusstsein, wie wichtig es für unser Wohlbefinden ist, möglichst viel barfuß zu gehen. Dass uns dies jedoch auch mit der Erde verbindet, dass wir sie so besser wahrnehmen und in einen lebendigen Austausch mit ihr kommen, das möchte dieses Buch vermitteln.

Johanna Goede
Geh und fühle
Barfuß im Dialog mit der Erde
Paperback, 160 Seiten
ISBN 978-3-89060-718-4

NEUE ERDE im Buchhandel

Neue Erde ist ein kleiner unabhängiger Verlag, und der unabhängige Buchhandel ist unser natürlicher Partner. Wir unterstützen die Initiative »buy local«.

Sollte es Lieferschwierigkeiten bei den Büchern von NEUE ERDE geben, lassen Sie immer im VLB (Verzeichnis lieferbarer Bücher) nachsehen, im Internet unter **www.buchhandel.de**

Alle lieferbaren Titel des Verlags sind für den Buchhandel verfügbar.

Auch mobil können Sie, zum Beispiel mit der App von LChoice, unsere Bücher beim örtlichen Buchhändler kaufen.

Sie finden unsere Bücher auch auf unserer Homepage **www.neue-erde.de** oder in unserem Gesamtverzeichnis, welches Sie gerne hier anfordern können:

NEUE ERDE GmbH
Cecilienstr. 29 · 66111 Saarbrücken
info@neue-erde.de